Roger Jaunin

Roger Federer
Superstar

Roger Jaunin

ROGER SUPERSTAR FEDERER

Aus dem Französischen von
Pierre Mühlemann

Neptun Verlag Kreuzlingen

© 2010 für die deutschsprachige Ausgabe by
Neptun Verlag AG · CH-8280 Kreuzlingen
Erlenstrasse 2 · CH-8280 Kreuzlingen
neptun@bluewin.ch · www.neptunart.ch

Druckvorstufe: Logotype · Roland Kaufmann · CH-8272 Ermatingen

Alle deutschsprachigen Rechte vorbehalten.
© Edition originale: Editions Favre SA, CH-2005 Lausanne
ISBN 978-3-85820-244-4

«Am Tag als ich das erste Mal
den Wimbledon-Pokal
in den Händen hielt,
schien mir die Sonne ins Gesicht…»

Roger Federer

▼

Traum von der
perfekten Vorhand …

Man wird nicht als
　　　Champion geboren

Ferien am Meer.

Roger Federer wurde am 8. August 1981 morgens um 8.40 Uhr im Kantonsspital Basel geboren. Geburtsgewicht 3 Kilo 710 Gramm. Die Eltern wählen den Namen Roger, weil er zu Federer passt und gut klingt. Der Name spricht sich ebenfalls gut in Englisch (Rodscher) aus, und durch die südafrikanische Nationalität der Mutter ist Englisch eigentlich seine Muttersprache. Roger Federer ist ohne Tennisschläger in der Hand geboren. Er ist, nach eigenen Aussagen, auch nicht ein verwöhnter Sohn, der seit seinen ersten Schritten geplant ernährt und erzogen wurde, um ein Champion zu werden.

Seine Freunde und Bekannten nennen ihn Rod'j und er, Künstler und Virtuose im SMS-Schreiben, unterzeichnet auf diese Weise die vielen Botschaften, die er versendet.

«Schon als kleiner Junge», erinnert er sich, «habe ich gerne und oft mit allen möglichen Bällen, die ich finden konnte, gespielt. Tennis sicherlich, aber auch Fußball, Tischtennis, Squash, Badminton ... ich habe alles ausprobiert!»

Mutter Lynette bestätigt: «Er war ein sehr aktives Kind. Er bewunderte alle Sportarten, er langweilte sich nie und fand immer etwas, um sich zu beschäftigen.» Vater Robert ergänzt: «Wenn er keinen Partner fand, konnte er stundenlang alleine Bälle gegen die Übungswand schlagen ... Im Training hatte er (noch nicht) die Einstellung eines Kämpfers. Und er hasste es, wenn man ihm sagte, was er zu tun hat ... Aber er hat

Roger an der Seite seiner Schwester Diana.

Talent.» Zu diesem Zeitabschnitt sagt Lynette: «Spielen zu können, wenn man Lust dazu hat, und nicht, wenn man muss, regte seinen Appetit zum Tennis richtig an. Der Beginn einer erfolgreichen Karriere hängt ohnehin von vielen Kleinigkeiten ab. Zudem war Roger nicht unbedingt ein strebsamer Schüler.»

Pierre Paganini, der Leiter des nationalen Förderzentrums Écublens, wo er mit 14 Jahren aufgenommen wurde, rapportiert, dass Roger nach Schulschluss ein unglaubliches Bedürfnis hatte, sich auszutoben.

Seinen ersten Schläger erhielt Roger im Alter von vier Jahren. Er konnte ihn auch fleißig auf dem Tennisplatz des Unternehmens, für welches Lynette und Robert arbeiteten, einsetzen. Er hat die Hand zum Tennisspiel, zieht aber vorerst den Sport mit dem Fuß vor. Als Junior im Fußballklub Concordia Basel geht er mit dem runden Ball so gut um, dass er jedes Jahr in eine ältere Formation aufgeboten wird. «Im Fußball habe ich viele Tore geschossen und in jeder Sportart konnte ich mich immer auf mein Auge verlassen», erinnert sich Roger. Der Ungestüme hat sich viel Zeit genommen, um seine Sportart auszuwählen. Mit zwölf hat er sich definitiv für Tennis entschieden.

Auf der Tennisanlage von Old Boys Basel, wo er regelmäßig spielte, lernte Roger Peter Carter kennen, einen exzellenten Tennisspieler aus Australien, der sein Trainer wurde. PC, wie man ihn nannte, hat sofort

Ob ich die Filzkugel wohl einmal richtig beherrschen kann ...?

erkannt, dass mit Roger Federer dem Schweizer Tennis eine Zukunftshoffnung heranwachsen könnte.

Mit PC hat sich eine außergewöhnliche Freundschaft entwickelt, geprägt von gegenseitigem Respekt, der auch nach dem Unfalltod von Peter Carter nicht erlosch.

Im August 1995 verlässt Roger Federer Basel, seine Familie und Peter Carter, um sich im Trainingszentrum von Écublens ausschließlich dem Tennis zu widmen.

«Roger hat den Entscheid, nach Écublens zu gehen, selbständig gefasst, ohne die möglichen Konsequenzen im Detail abzuwägen», erinnert sich Lynette. «Es war sein Entscheid und wir haben ihn respektiert.»

Nach einigen Wochen Aufenthalt am Ufer des Genfersees hat Roger Federer von seinen Problemen erzählt: «Ich war der Deutschschweizer, über den überall gespottet wurde. Ich habe viel einstecken und aushalten müssen, aber ich hielt durch.»

Er gab auch zu, dass er sich freute, an den Wochenenden nach Hause fahren zu können. Die Sonntagabende aber waren wiederum sehr hart. Während der Woche telefonierte er oft nach Hause – als Mittel gegen das Heimweh, gegen das er richtiggehend kämpfen musste. Die Trainer allerdings warfen Roger Mangel an Pünktlichkeit vor. Selbst am Tag des Schulexamens musste man ihn drei Mal bitten, nun endlich aus dem Bett zu steigen. Pierre Paganini, der Verantwortliche der physischen Ausbil-

Mit Mansour Bahramy und Jimmy Connors in Basel.

dung der Praktikanten von Écublens, erwähnt Roger als einen zerstreuten und unkonzentrierten Jüngling. Er habe zwar schon bemerkenswerte analytische Fähigkeiten, die überraschten.

«Man müsste blind gewesen sein, um nicht zu erfassen, dass dieser Neuling außergewöhnliche Qualitäten aufwies», sagt heute Yves Allegro. «Roger war schüchtern und er fühlte sich oft einsam. Nichts war leicht für ihn und er litt unter Heimweh. Ich habe ihn mehr als einmal weinen sehen.» Schnell entwickelte sich eine echte Freundschaft zwischen den beiden Knaben Yves und Roger, die bis heute anhält.

Roger mit seinem Trainer und Freund Peter Carter

Im August 1997 wechselte das Tenniszentrum den Standort von Écublens nach Biel. Rogers Eltern suchten bei Yves Allegro Unterstützung und baten ihn, mit Roger eine Wohnung zu teilen. Yves ist drei Jahre älter als Roger, der ganz gerne Playstation spielte, während der Walliser öfter als nötig der Spaßmacher war. Die Blödelnachmittage, die beide auf der Terrasse im Bieler Zuhause erlebten, werden sie wohl so schnell nicht vergessen. Ihre Wohnung gab den Blick auf ein Fußballfeld frei, wo fleißig trainiert wurde. Es ist offenbar mehr als einmal vorgekommen, dass die beiden junge Fußballspieler in ihrer Wohnung übernachten ließen.

Zu dieser Zeit war Roger Federer noch weit entfernt vom Bild eines perfekten Spielers, wie man ihn heute kennt. Voll von überschäumender Energie, hatte er stets große Schwierigkeiten, sich zu konzentrieren. «Dies war lange Zeit mein Problem», gibt er zu bedenken und erinnert sich an folgenden Vorfall: «In der Bieler Tennishalle wurde am Ende des Spielfeldes ein defekter Vorhang ausgewechselt. Zum Schutz des Objektes wurde vereinbart, wer den Vorhang zerreiße, müsse eine Woche lang die Toiletten putzen. Ich habe den Vorhang auf seine Stabilität geprüft. Zehn Minuten später werfe ich mit voller Wucht meinen Schläger dagegen und der durchbohrt den verflixten Vorhang, wie ein Messer Butter durchsticht. Das Training wurde unterbrochen und ich verließ die Halle fluchtartig. Die Kollegen hätten mich ohnehin rausgeschmissen. Ich musste eine Woche lang zwischen 6 und 7 Uhr Toiletten putzen und Staub saugen. Mich zu zwingen, früh aufzustehen, ist für mich das Schlimmste!»

Das ist auch heute noch so …

1998–2002
Wie alles begann

Anfang Juli 1998 nimmt Roger Federer am Juniorenturnier von Wimbledon teil. Er ist noch nicht siebzehn und gewinnt das prestigeträchtige Turnier. Es wird das letzte Jahr sein, das Roger an der Juniorenfront bestreiten will. Er will sich an den Grossen messen. Siegreich von Wimbledon heimkommend erhält er eine Wild Card für das ATP-Turnier im Berner Oberland, zum Wimbledon der Alpen in Gstaad. Am Montag, 6. Juli 1998, bestreitet Roger Federer in Gstaad sein erstes ATP-Turnier.

Er blieb nur einen Tag im Turnier, aber das war nicht das Wichtigste. Er verliert in zwei Sätzen den Erstrunden-Match gegen den Argentinier Lucas Arnold. Aber er überraschte mit der Aussage: «Was mich wunderte war, dass ich die Möglichkeit gehabt hätte, diesen Match zu gewinnen!» Zeichen einer enormen Zuversicht. Auf dem schweren Boden beging Roger Federer gegen einen gleichwertigen Gegner einige Nachlässigkeiten. Ungestüme Aktionen, seinem Alter entsprechend verständlich, die ihm aber schließlich den Sieg kosteten.

Einige Wochen später reist er an ein Turnier nach Genf. Neuer Versuch – neues Lehrgeld. Schon beim Erstrundenspiel muss sich Roger Federer dem Bulgaren Orlin Stanoytchev beugen. Aber er ist wiederum nicht sehr weit vom Sieg entfernt.

Der nächste Turniereinsatz ist für Ende September in Toulouse vorgesehen. Ein Hallenturnier mit Hartbelag, eine Unterlage, die dem Power-Tennis von Roger Federer entgegenkommt. Es ist der Franzose Guillaume Raoux, Nummer 45 der Weltrangliste, der als erster von Roger Federer besiegter in die Tennisgeschichte eingeht. Es folgt der Australier Richard Fromberg, Nummer 43 der Weltrangliste, den er in zwei Sätzen bezwingt. Fromberg gab zu, dass dieser Junge wirklich das Rüstzeug hat, um sich im professionellen Dschungel des Tenniszirkus zu behaupten.

In der nächsten Runde gewinnt der Holländer Jan Siemerink, ein Spieler aus den Top 20. Trotzdem muss sich Roger Federer nicht lange gedulden, um weitere Luft an ATP-Turnieren schnuppern zu können. Roger Brennwald, Turnierdirektor der Swiss Indoors von Basel, hat ihm eine Wild Cards offeriert, welche von jungen und weniger jungen Spielern heiß begehrt sind. Bekannte Spieler wie Pete Sampras, Andre Agassi, Pat Rafter, Tim Henman und Marc Rosset konnten früher auch schon von diesem Privileg profitieren. Und jetzt Roger Federer, der sich intensiv vorbereitet, um vor seinem Heimpublikum gut zu spielen. Vor gar nicht so langer Zeit amtierte er hier noch als Balljunge und seine Mutter Lynette betreute Presse und Spieler.

Es war Montag, 6. Oktober 1998, in der Halle des Sankt-Jakob-Stadions, welches mit 8000 Zuschauern ausverkauft war, als Andre Agassi, Weltnummer 8 und Roger Federer sich ein Duell lieferten, über das die Chronik Folgendes zu berichten weiß:

Beidseits des Netzes standen zwei unterschiedliche Gestalten. Der eine trug ein zu großes T-Shirt, der andere war braunge-

Neues Outfit nach der Junioren-Weltmeisterschaft!

brannt und selbstsicher bei seinem Auftritt. Der Sieger Andre Agassi sagte nach dem Match: «Ich bin von seinem Spiel sehr beeindruckt. Ich finde, er versteht es ausgezeichnet, ein Spiel zu lesen und er besitzt ein vorzügliches Ballgefühl. Ich liebe das Zusammenspiel dieser Qualitäten.»

Roger Feder schloss seine ersten Erfahrungen an der ATP-Tour mit folgenden Ergebnissen ab: Zwei Spiele gewonnen, vier verloren. Nebenbei gesagt, es blieb das einzige negative Jahr. Er zieht eine erste Bilanz und versichert: «Ich weiß, der Weg ist noch lang. Die letzten Spiele haben mir gezeigt, was mich in der Zukunft erwartet.»

Die Saison ist aber noch nicht ganz zu Ende. Um sein Versprechen einzulösen und es allen zu beweisen, gewann Roger, zehn Jahre nach Marc Rosset, die Orange Bowl – die inoffizielle Weltmeisterschaft für Junioren in Miami. Im Siegestaumel hatte er sich die Haare blond färben lassen. Er wurde offiziell als bester Junior der Welt 1998 ausgezeichnet.

Roger Federer mit Peter Lundgren auf einer Terrasse in Paris.

Die Saison 1999 beginnt schlecht. Das Australian Open wird zum Fiasko. Trotzdem spielt er im Februar in Heilbronn. Er muss ins Qualifikationsturnier und gewinnt schließlich (Qualifikation eingeschlossen) sieben Spiele, bevor er sich im Halbfinale Laurence Tieleman beugen muss. Die folgende Woche spielt er in Marseille und gewinnt gegen den Spanier Carlos Moya, die Nummer 5 der Welt. Das Abenteuer endet zwei Spiele später gegen Arnaud Clément. Roger Federer gibt zu: «Ich habe manchmal die Tendenz, mich allein mit meinem Talent zufrieden zu geben – Peter mag das gar nicht.»

Peter Carter, sein renommierter Trainer aus der Zeit des TC Old Boys Basel, hat erheblichen Einfluss auf Roger. Man vergleicht Federer auf der gleichen Altersstufe oft und gerne mit Sampras. «Ich habe den gleichen Rückschlag, trage die gleiche Kleidermarke und spiele mit dem gleichen Schlägertyp wie er – und trotzdem kopiere ich ihn nicht ...», ergänzt Roger.

Presse, Publikum und Fans umlagern ihn: «Ich gebe gerne Interviews und Autogramme», sagt er. «Ich vergesse nichts, auch wenn ich einmal die Weltnummer (er zögert) drei sein werde.»

Die Bestätigungen folgen: Rotterdam, Grenoble, Key Biscayne, und schließlich ruft die Schweizer Davis-Cup-Mannschaft. Sein erstes offizielles Davis-Cup-Spiel bestreitet er in Neuenburg, wo die Schweiz Italien schlägt. Roger Federer schlägt Davide Sanguinetti und das Paar Rosset-Manta ge-

▲ Danke für den schön gespielten Punkt «Lolo» (Manta).

winnt das Doppel und stellt damit den Sieg sicher. Im Umkleideraum wird Champagner entkorkt.

Mitte Juli begibt sich die gleiche Schweizer Mannschaft nach Brüssel, um gegen Belgien anzutreten. Mit der Aussicht auf eine Halbfinalbegegnung in der Schweiz gegen Frankreich. Roger Federer kämpft, aber verliert seine zwei Spiele gegen Christophe Van Garsse (im fünften Satz) und Xavier Malisse. Die Schweiz unterliegt und es folgt Resignation.

Am 21. September, kurz nach seinem 18. Geburtstag, wird Roger Federer in den erlauchten Klub der hundert besten Spieler der Welt aufgenommen. Er schließt das Jahr mit einer Bilanz von 29 gewonnenen zu 23 verlorenen Spielen ab. Als Höhepunkt: Der Sieg am Challenger-Turnier von Brest.

Die geplante Davis-Cup-Begegnung mit Australien im Februar 2000 in Zürich und die Probleme mit dem Teamchef, die damit verbunden sind, beschäftigen ihn. Er verliert am Australian Open in der dritten Runde gegen Arnaud Clément.

In Zürich aber schlägt sich die Schweiz achtbar und macht gute Figur gegen die Armada, angeführt von John Newcombe. Roger Federer schlägt im zweiten Einzel Mark Philippoussis in vier Sätzen und schafft damit den Ausgleich. Am Samstag bezwingt das Doppel Lorenzo ‹Lolo› Manta – Roger Federer die australischen Kontrahenten

Nimm für den Service besser diesen Ball ...

Wayne und Standon Stolle und geht damit 2:1 in Führung. Das Spiel wendet sich aber zum Vorteil Australiens. Am Sonntag schlägt Lleyton Hewitt Roger Federer in vier Sätzen und somit muss die Begegnung zwischen George Bastl und Mark Philippoussis über den Sieg entscheiden. Der Match geht über die volle Distanz von fünf Sätzen und die Schweiz wird knapp geschlagen. Im Juli muss die Schweiz ein Entscheidungsspiel gewinnen, um den Platz in der Weltgruppe nicht zu verlieren.

Die Auslosung brachten Marc und Roger in der darauf folgenden Woche am Turnier von Marseille zusammen. Am Sonntag, 13. Februar 2000, stehen sich beide zum ersten Final zwischen zwei Schweizer Spielern an einem ATP-Turnier gegenüber. Marc Rosset sagte nach seinem Sieg im dritten Satzes zum Publikum: «Ich habe hier drei Mal gewonnen, aber ihr müsst euch an sein Gesicht gewöhnen, Roger wird in Zukunft noch viele Endspiele gewinnen.»

Auf sein nächstes Finale musste Roger Federer fünf Monate warten: Sydney. Hier handelte es sich um das Kleine Finale der Olympischen Spiele, welches er gegen Arnaud Di Pasquale verlor. Schließlich entschied er sich, mit Peter Lundgren einen Vollzeit-Coach zu engagieren.

Roger Federer hat immer betont, dass es für ihn eine große Ehre ist, für sein Land zu spielen. Er liebt das Ambiente des Olympia-

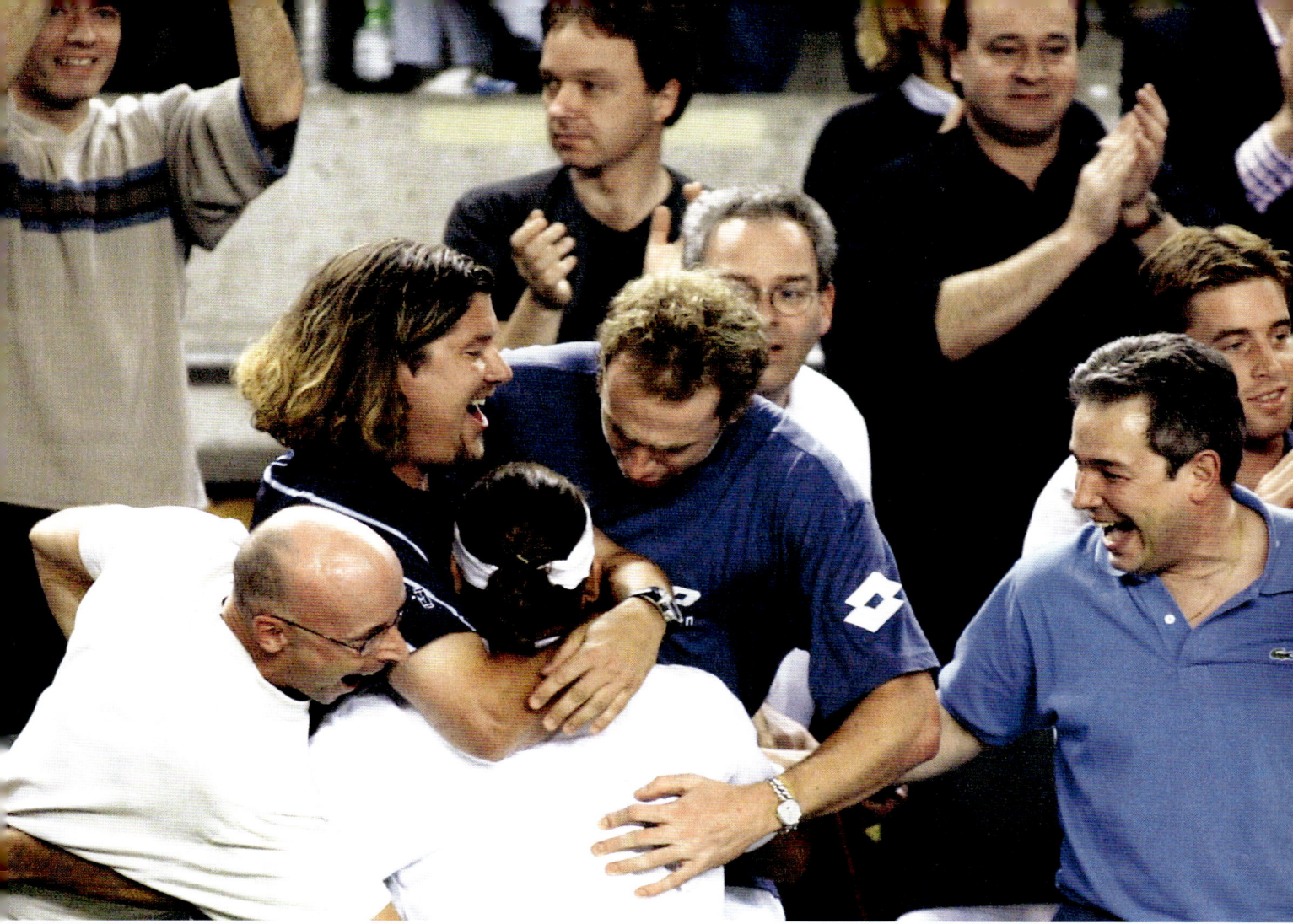

In Neuenburg – nach dem Sieg im Doppel.

dorfes von Sydney und genießt den Kontakt mit anderen Athleten, ihren Sportarten, Leidenschaften und Problemen. Er verlässt die Olympiade zwar enttäuscht, aber sein Herz machte Freudensprünge. Roger hat sich verliebt und die Auserwählte erwidert seine Liebe hundertfach: Miroslava Vavrinec, für Insider Mirka genannt. Auch sie hat am olympischen Tennisturnier teilgenommen. «Unsere Wege haben sich bereits in Biel im Tenniszentrum gekreuzt», sagt Mirka, «ich fand ihn humorvoll, sympathisch, ein wenig abstrakt.» Heute, wenn sie von ihrem Roger spricht, sagt sie: «Was ich an ihm liebe ist seine Empfindsamkeit, seine Zärtlichkeit, seine ständig gute Laune, seine Ausgeglichenheit und seine Treue.» Weder sie noch er haben Sydney mit einer Medaille um den Hals verlassen. Aber was bedeutet schon Gold, Silber oder Bronze, wenn nicht der Ball, sondern das Herz vor Freude hüpft ... 2009 haben die beiden geheiratet.

Fünf Jahre später beendet Mirka ihre Tenniskarriere um einen wichtigen Platz im Leben ihres Champions einzunehmen. Sie führt die Agenda von Roger, organisiert die Presse- und Sponsorentermine und koordiniert die humanistischen Aufgaben. «Wir wissen sehr gut zwischen Privatleben und Business zu unterscheiden», sagt sie. «Wir schaffen es gut unsere Privatsphäre zu schützen. Man wird nie in einer Zeitschrift oder einem Magazin eine Homestory über uns lesen.»

«Ich bin sicher, dass ich schon bald Turniere auch auf Sand gewinne!»

Am Basler Heimturnier, am Ufer des Rheins, lehrt Roger Federer seine Gegner das Fürchten. Er erreicht das Halbfinale des Turniers wo ihn Lleyton Hewitt erwartet. Der Australier ist von der gleichen Generation – mit ihm hat Roger Federer schon einige Male im Doppel gespielt. Lleyton Hewitt, Nummer 7 der Welt, wird wegen seiner einfachen und rustikalen Spielweise favorisiert. Roger gewinnt im dritten Satz im Tie-Break und sagt über das Spiel: «Das war heute Abend einmal ... ein erster Streich!»

Übermüdet verliert er am nächsten Tag das Finale gegen den Schweden Thomas Enqvist, die Nummer 9 der Welt. Die Begegnung geht über fünf Sätze. Federer kämpft mit großem Einsatz, trotz deutlich sichtbarer Müdigkeit, verbissen um jeden Ball. Damit bewies er, dass er nicht nur der begnadetste Spieler seiner Generation ist, er hat auch Leidenschaft und Charakter.

Die Saison endet Mitte November in Stockholm. In zwei Jahren und sechs Monaten ist er in der Weltrangliste von Nummer 300 auf Rang 29 aufgestiegen. Möglicherweise haben andere Spieler den Aufstieg schneller erreicht. Aber kaum einer hat mit so viel Sorgfalt seinen Werdegang vorbereitet.

Sonntag, 4. Februar 2001, bedeutet eine Wende in seiner Karriere. Das Australian Open ist nicht gut gelungen, aber in Mailand gewinnt Roger Federer seinen ersten Titel an einem ATP-Turnier. Er hat gute Spieler geschlagen, darunter den ehemaligen

Wimbledon-Sieger Goran Ivanisevic. Er gewinnt im Finale gegen Julien Boutter. «Ich wusste, dass ich es schaffen kann, und letztlich ist es mir auch gelungen», erwähnt er überglücklich.

Roger hat stets davon geträumt, einen großen Davis-Cup-Match in Basel spielen zu können. Die Ankunft der Mannschaft aus den USA gibt ihm Gelegenheit dazu. Die Sankt-Jakob-Halle ist nicht voll besetzt, um ihren Helden gegen Todd Martin, bis dahin im Davis-Cup ungeschlagen, und Jan-Michael Gambill und im Doppel an der Seite von Manta gegen Gambill-Gimelstob siegen zu sehen. Nach einer spannenden Begegnung siegt die Schweizer Mannschaft und qualifiziert sich für das Halbfinale gegen Frankreich.

Marseille, Rotterdam, Indian Wells und Miami sind die nächsten Ziele von Roger Federer. In Florida erreicht ihn folgende Nachricht: In der Schweiz haben sich Jakob Hlasek und Marc Rosset ausgesprochen und beide erwarten mit der Schweizer Davis-Cup-Mannschaft in Neuenburg Frankreich als nächsten Gegner.

Freitag, 6. April 2001. Zum Auftakt ist die Halle voll besetzt und Marc Rosset beginnt gegen Arnaud Clément einen Marathon-Match, der schließlich 5 Stunden und 47 Minuten dauert. Fünf Sätze, 72 Spiele, und die Geschichte des Davis-Cups verzeichnet einen neuen Rekord. Marc Rosset verliert und es ist einmal mehr an Roger Federer, die Begegnung auszugleichen. Das Herz aber ist nicht dabei. Roger Federer liefert einen unmöglichen Match ab und verliert.

Am Samstag schließlich genoss das Publikum Spannung pur. Roger Federer spielt an der Seite von Lorenzo Manta gegen Cedric Pioline-Fabrice Santoro. Nach 4 Stunden und 37 Minuten gewinnen die Schweizer den fünften Satz mit neun zu sieben. Nach Spielschluss dankt Federer dem Publikum mit folgenden Worten: «Nach meinem schlechten Spiel von gestern war ich etwas verunsichert. Aber das Publikum stand sofort hinter uns und unterstützte uns hervorragend. Es war verrückt! Danke!»

Sonntags war es noch verrückter. Roger Federer schießt Arnaud Clément in drei Sätzen vom Platz und gleicht die Partie aus. George Bastl, der den von Krämpfen geplagten Marc Rosset ersetzen musste, trat zum entscheidenden Spiel der Begegnung gegen Nicolas Escudé an und verlor nach einer hervorragenden kämpferischen Leistung ganz knapp.

Die Schweiz, die von einer Finalteilnahme geträumt hat, ist knapp geschlagen. Für Roger Federer wurde es Zeit, auf die Tour zurückzukehren. Zuerst Monte-Carlo, dann Rom und Hamburg und schließlich Roland-Garros. In Paris verliert er im Halbfinale in drei Sätzen gegen Alex Corretja. Von diesen zehn Tagen in Porte d'Auteuil behält er nur Gutes in Erinnerung. Nämlich den Beweis, dass er auch auf Sandplätzen gut spielen und in ein Halbfinale eines Grand-Slam-Turniers vorstoßen kann.

Roger Federer in Wimbledon.

Montag, 2. Juli 2001. Der Center Court in Wimbledon ist mit 13 812 Zuschauern besetzt, als Pete Sampras, gefolgt von Roger Federer, durch die Türe schreitet, auf welcher die folgenden Zeilen des Poeten Rudyard Kipling eingraviert sind:
If you can meet with triumph and disasters and treat those two imposters just the same.

Pete Sampras verbleibt bei seinen vier Erfolgen und 31 gewonnenen Spielen. Roger Federer spielt erstmals auf dem Center Court von Wimbledon und sagt später, dass man süchtig wird, darauf zu spielen.

Zwischen beiden Spielern, Sampras mit dreizehn Grand-Slam-Titeln und Federer, seinem als möglichen Nachfolger bezeichneten Gegner, bestehen 10 Jahre Altersunterschied. Pete Sampras ist am 12. August 1971, Roger Federer am 8. August 1981 geboren.

«Als ich den Center Court betreten wollte, fragte mich ein Offizieller, ob ich über die Gepflogenheiten Bescheid wisse», erinnert sich Roger und antwortet: «Im Prinzip weiß ich es, denn ich habe einige Spiele am Fernsehen verfolgt, aber immerhin spiele ich das erste Mal hier … Er war sehr sympathisch und hat mir alles erklärt. Er gab mir gar humorvolle Tipps, dass es das Beste wäre, den Match mit einem Service-Ass zu beginnen und mit einem Brake zu beenden!» Diese Vorgabe hat Roger Federer während der Spieldauer von 3 Stunden und 47 Minuten befolgt. Nicht vergessen wird er auch die Beifallstürme die dem Meister und dem Schüler nach dem gezeigten Spiel zuteil wurden.

Am gleichen Abend ist der Federer-Clan in einem asiatischen Restaurant in Wimbledon Village versammelt. Anwesend sind Freundin Mirka, Schwester Diana, Peter Lundgren, sein Psychologe Thierry Marcante und einige Freunde wie Yves Allegro. Roger Federer hat sich heimlich die Statistiken der Begegnung verschafft und jetzt ist er es, der die Fragen stellt: «Wie viele Asse für Pete? Wie viele für mich? Welcher Prozentsatz erste Aufschläge?» Bei diesem kleinen Ratespiel ist Thierry Marcante der Beste. Auf kleine Abweichungen genau liegt er fast überall richtig …

Aber das Turnier ist für ihn beendet. Federer hat nicht geklagt, aber er leidet unter starken Schmerzen in der Bauchmuskulatur. Folgen seines großen Einsatzes auf dem heiligen Rasen von All England. Deshalb konnte er im Viertelfinale gegen Tim Henman keine große Gegenwehr mehr entwickeln. Gentleman Tim wird Wimbledon wahrscheinlich nie gewinnen können, aber an diesem Freitag schlägt er Roger Federer in vier Sätzen, wovon zwei im Tie-Brake.

Im Moment des Bilanzziehens erinnert sich Roger an den magischen Moment, wo er gegen Pete Sampras den Matchball schlug: «Ich erinnere mich, dass ich mich auf den Rasen habe fallen lassen, dass ich mich erhob und Pete die Hand drückte und weggegangen bin. Ich habe vergessen, ihm die übliche Reverenz zu erweisen. Ich glau-

In Wimbledon, nach dem Erfolg gegen Pete Sampras: «Eines Tages wird der Pokal bei mir sein!»

be sogar, es war Pete, der mich daran erinnerte.»

Die Amerikareise beschränkte sich auf das US Open, wo Roger im Achtelfinale in drei Sätzen Andre Agassi unterliegt. Zurück in Europa, spielt er an den Turnieren von Moskau, Wien und Stuttgart, bevor er sich in Basel präsentiert, um seine Finalteilnahme zu verteidigen. Das gelingt ihm … aber gegen Tim Henman verliert er zum vierten Mal in ebenso vielen Begegnungen.

Das Jahr 2001 neigt sich dem Ende zu. Roger Federer ist die Weltnummer 13 und war lange Zeit auf bestem Weg, sich für das Masters zu empfehlen. Aber er schafft die Qualifikation für Sydney nicht. Als er sich im Januar 2002 dorthin begibt, ist es, um den zweiten Titel in seiner Karriere zu erringen und gleichzeitig seinen zweiten Erfolg gegenüber Andy Roddick einzufahren. In Melbourne unterliegt er im Achtelfinale Tommy Haas, geht darauf nach Mailand, wo er erstaunlicherweise das Finale gegen Davide Sanguinetti verliert.

In Moskau erwartet ihn eine Herausforderung, die er nicht verlieren darf. Jakob Hlasek verzichtet auf sein Amt als Davis-Cup-Teamkapitän. Er wird durch Peter Carter ersetzt. Peter Lundgren ist ebenfalls dabei und einige Leute sind beunruhigt über diese Umstellung in der Schweizer Mannschaft. Roger Federer versucht die Schwarzseher mit zwei Siegen zu beruhi-

▲
Im Heimspiel in Basel Finalist, aber von Tim Henman geschlagen.

gen. Er schlägt Marat Safin und Yevgeny Kafelnikov jeweils in drei Sätzen; aber die Schweiz verlässt die russische Hauptstadt erneut geschlagen.

In Miami spielt er sich ins Finale der ATP-Masters-Serie. Sein Gegner Andre Agassi nimmt die Herausforderung an. Er weiß, dass er es mit einer künftigen Nummer eins zu tun hat. Er ist 32-jährig und er nimmt die Chance wahr, Roger wohl ein letztes Mal (in vier Sätzen) zu schlagen. Roger wird ihn eines Tages im Ranking überholen.

Für Roger Federer gilt es, diese Niederlage möglichst schnell zu vergessen und sich zu erholen. Erfreulicherweise holt er sich in Hamburg seinen ersten Titel in der ATP-Masters-Serie auf Sand. Er schlägt nacheinander Nicolas Lapenti, Bohdan Ulihrach, Adrian Voinea, Gustavo Kuerten, Max Mirnyi und zum Abschluss Marat Safin, die Weltnummer 4. Roger weiß es zwar noch nicht, aber dieser Sieg wird ihn teuer zu stehen kommen.

Als nächste Veranstaltung kündigt sich das French Open an, ein bedeutendes Sandplatzturnier der Grand-Slam-Serie. Dank seinem Erfolg in Deutschland traut man Roger Federer einen Exploit zu. Er bleibt aber nur einen Tag im Turnier. Geschlagen in der ersten Runde vom Lokalmatador Hicham Arazi. Er verlässt Paris deprimiert und mit dem Kopf voller Fragen.

In Wimbledon wird es noch schlimmer. Regen stört den normalen Ablauf des Tur-

Konditionstraining mit Pierre Paganini.

niers; aber vor allem die fast als Geschosse geschlagenen Bälle von Mario Ancic, einem jungen Kroaten von 18 Jahren und einer Körpergröße von 1,96 m, lassen dem Schweizer überraschenderweise keine Chance. Er verlässt das Spielfeld geschlagen, frustriert und am Boden zerstört. In diesem Moment hasst er vielleicht gar diese Arena, von welcher er geträumt hat, eine erste Rolle zu spielen, und an diesem Tag keine Chance hatte.

Der Sommer wurde für Roger sehr schwer. Während eines Ferienaufenthaltes in Südafrika erreicht ihn die Nachricht von Peter Carters Tod, der an den Folgen eines Autounfalls starb. Um an der Beerdigung seines Freundes anwesend zu sein, ließ Roger Federer das Turnier von Washington aus und reiste nach Basel. Er wird diesen treuen Freund nie vergessen. Zwei Wochen später widmet er Peter Carter den Sieg der Schweizer Mannschaft in Casablanca gegen Marokko, die mit den Spielern Younes, el Aynaoui und Hicham Arazi angetreten waren. Später sagt Roger Federer: «Der Tod eines Freundes kann ein ganzes Leben verändern. Es ist, wie wenn alle Sicherheiten und Überzeugungen fortflögen und Tennis zur Nebensache mutiert.»

Mit den Turnieren in Moskau, Wien, Madrid, Basel, Paris Bercy und schließlich Shanghai (wo er sich erstmals für den Masters Cup qualifizierte), schließt Roger Federer die Saison 2002 ab. Mit erfreulichen Siegen und schmerzhaften Niederlagen wie die gegen Nalbandian in Basel und gegen Hewitt in Paris Bercy. In zehn Monaten ist er von Platz 13 auf Nummer 6 der Welt aufgestiegen. Er hat elf besser platzierte Spieler geschlagen, hat drei Turniere gewonnen, wovon eines der ATP-Masters-Serie. Von 80 Matches gewann er 59. Das Jahr 2003 wird ohne Zweifel sein Jahr werden – das hat sich Roger fest vorgenommen.

2003
Wenn das Herz vor Freude hüpft…

Das Jahr beginnt mühsam. Am Australian Open in Melbourne übersteht Roger drei Runden, aber scheitert einmal mehr am Angstgegner Nalbandian. Er holt sich aber gute Moral in La Haye, wo die Schweiz im Davis Cup gegen Holland antritt. Er schlägt Raemon Sluiter und Sjeng Schalken in jeweils drei Sätzen; die Schweiz gewinnt und der nächste Gegner heißt Frankreich. Nun steht das Hallenturnier von Marseille an. Hier gewinnt Roger seinen fünften Titel. Damit beginnt der Angriff auf 5000 ATP-Punkte, die ihn ein Jahr später zur Weltnummer eins machen könnten. Zukunftsmusik…

In Dubai erreicht er sein Ziel und holt den sechsten Titel. Dann folgt die Amerikatournée, mit der Verteidigung des Halbfinales in Indian Wells und der Finalteilnahme in Miami. «Wenn ich mit der gleichen Anzahl Punkte zurückkehre, habe ich es gleich gut wie letztes Jahr, aber nicht besser gemacht», gibt Roger zu bedenken. «Ich will mich verbessern und weiterkommen.» Es wird nicht gelingen. In Kalifornien wird er von Gustavo Kuerten in Runde zwei und in Florida von Albert Costa in Runde vier geschlagen.

Die Schweizer Davis-Cup-Mannschaft um Roger Federer kommt voller Zuversicht in Toulouse an. Wenn Roger Federer für die Schweiz Davis-Cup spielt, ist er nur sehr schwer zu schlagen. Er beweist es, indem er Nicolas Escudé bezwingt und am Sonntag Fabrice Santoro in drei Sätzen. Das Schlusswort, als sich ein Traumhalbfinale in Australien abzeichnet, gehört Marc Rosset: «Roger? Das ist einfach. Damit ihm bis Australien nichts Schlimmes passiert, werden wir ihn in Winterschlaf versetzen.»

In München, Rom und Hamburg wird auf Sandplätzen gespielt. Roger setzt sich in Bayern durch und ist Finalist in Rom, wo er gegen Mantilla verliert. Am Ufer der Elbe unterliegt Roger in der dritten Runde Mark Philippoussis. Zwölf Spiele gewonnen, zwei verloren. Es braucht nicht mehr viel, und Roger wird in Roland-Garros als Geheimfavorit gehandelt. Der Peruaner Luis Horna, die Weltnummer 88, gilt als Sandplatzspezialist. Für Roger Federer wird es schwer. Er sucht vergeblich nach einem Mittel, um den Spezialisten zu besiegen, doch er verliert in drei Sätzen.

In Halle wird auf Rasen gespielt, und er gewinnt den Final in drei Sätzen gegen Nicolas Kiefer. Roger Federer hat aber die Art und Weise seines Versagens in Roland-Garros noch nicht verkraftet. Er, der normalerweise an Pressekonferenzen eine gewisse Überlegenheit zeigt, hüllt sich hier in Schweigen. Gewandt stellt er sich sonst der Presse in Englisch, Deutsch oder Französisch.

Roger will die Antwort in Wimbledon geben, egal, welche Gegner sich ihm in den Weg stellen. Hyung-Taik Lee, die Weltnummer 43 aus Korea, ist sein erster Gegner. Roger Federer gewinnt in drei Sätzen. Ähnlich klassiert wie Lee, ergeht es Stefan Koubek nicht besser. Roger Federer hat sich in

▶ Melbourne – und wieder einmal an Nalbandian gescheitert, trotz enormer Gegenwehr.

die zweite Woche von Wimbledon gespielt, und verlangt nach knapp zehn Minuten Spiel den Physiotherapeuten. «Ich verspürte ein Zwicken im Rücken», erklärt er später. «Er hat mich kommentarlos massiert – in drei Minuten kann man ja auch nicht viel mehr fordern.»

So begann eine etwas beschwerliche Begegnung. Er hielt die Bälle möglichst lange im Spiel, weil sein Gegner, Féliciano Lopez, viele Eigenfehler beging. «Ich war trotzdem nahe dran, das Spiel aufzugeben», gesteht Roger Federer. «Aber ich habe mir gesagt, wenn ich mich quäle, durchhalte und das Spiel gewinne, öffnet es mir den Weg ins Halbfinale, denn meine Auslosung ist günstig.»

Schon galt es, die nächste Herausforderung anzugehen. Sjeng Schalken ist die Weltnummer 26. Er gewann das Rasenturnier von Bois-le-Duc. Wie Roger Federer hat er eine Serie von sieben Siegen in Folge zu verbuchen. Ein ernst zu nehmender Gegner. Roger hat das Training etwas reduziert, sein Rücken schmerzt weniger, er zeigt sich zuversichtlich. Der Holländer verliert glatt in drei Sätzen.

Das Halbfinale verspricht gutes Tennis. Andy Roddick gewann das Turnier von Queens und der Amerikaner ist revanche-

▲ Siegerpose im Arthur Ashe Stadion.

▶ Auf dem Rasen von All England. «Er hat mir eine Lektion erteilt», sagte Andy Roddick nach dem Spiel.

Optimale Vorbereitung auf Wimbledon: Sieger in Halle.

hungrig. Laut seiner eigenen Aussage hat Roger nie so gut Tennis gespielt wie an diesem Freitag. Er gewinnt den ersten Satz im Tie-Break und wehrt dabei einen Satzball von Roddick ab. Das Publikum ist begeistert, Roddick enttäuscht. Am Schluss hat Roger zwanzig Punkte Differenz zum Verlierer und Andy Roddick meint, dass Roger ihm eine Lektion erteilt habe!

Das Finale gehört in die Tennisgeschichte. Am Sonntag, 6. Juli 2003, sucht Wimbledon den Nachfolger von Lleyton Hewitt auf dem Thron des Wimbledon-Siegers. Roger Federer, 21 Jahre und 11 Monate alt, kämpft hier um seinen ersten Grand-Slam-Titel gegen Mark Philippoussis, bald 27-jährig, Finalist des US Open 1998. In sechs Spielen hat der Australier nicht weniger als 164 Asse, gegenüber 72 von Roger Federer, geschlagen. Das Finale korrigiert die Zahlen: 21 Asse für Federer, 14 für Philippoussis. Es ist übertrieben zu sagen, der Australier befände sich in Schwierigkeiten mit seinem Service. Es ist eher dem Auge von Roger zuzuschreiben, der dem Servicekünstler aus Melbourne wenig Chancen für Servicepunkte zugestand.

Am gleichen Abend, der Tradition folgend, ist Roger Federer Gast am Champions Dinner, in Begleitung von Serena Williams, der

Siegerin des Damenturniers. Ebenfalls dabei sind Mirka Vavrinec, seine Mutter Lynette und der Coach Peter Lundgren. Das Menu: Filet de Saumon fumé an einer Avocado-Mousse, Consommé au Poulet à la Tomate, Tournedos aux Champignons, begleitet mit Rösti(!) und Spinat, und als Nachspeise Millefeuilles au Chocolat. Kredenzt wurde ein Chardonnay Comte de Morancy 2002 und ein Corbières Château la Bastide 2001. Petits fours, Café, Liqueurs … alles dem Anlass entsprechend.

Bei der Tischrede wählt Roger Federer eine Art englischen Humor: «Meine Damen und Herren, es ist das erste Mal, dass ich an einem solchen Anlass teilnehme. Als ich vor fünf Jahren das Juniorenturnier gewann, habe ich die Einladung unter dem Vorwand abgelehnt, anderntags das Turnier von Gstaad zu bestreiten. Heute bin ich mir bewusst, welchen Fehler ich damals gemacht habe. Ich bin sehr stolz, unter Ihnen zu sein und in Zukunft als All-England-Mitglied zu gelten. Es würde mich freuen hier in Wimbledon auch einmal zum Plausch Bälle zu schlagen. Wenn sich jemand als Partner anbieten möchte, so rufe er mich an … Zusage jetzt schon zugesichert!»

Am Montag, 7. Juli 2003, ist sich die internationale Presse einig und lobt Roger Federer als genialen Spieler. «Der Triumph eines Tennisgenies», lautet der Titel der Gazetta dello Sport. In der Zeitung L'Equipe erklärt Philippe Bouin, dass der Erfolg dieses Tenniskünstlers und Vorbildes die bestmögliche Präsentation verdient.

Wieso waren viele vom Erfolg des Schweizers überrascht? Federer bringt eine künstlerische Seite auf den Tenniscourt, mit einer Mischung von Kreativität und Leichtigkeit in seinen Auftritten, schreibt die Herald Tribune. USA Today übernimmt den Satz von Boris Becker am Ende des Finales: Die Zukunft des Tennis ist angebrochen. Nochmals Becker, diesmal in den Spalten der Times, der meint: Eine Videokassette vom Halbfinale und vom Finale sollte sämtlichen Trainern der Welt zugespielt werden.

Von Kirschen auf dem Kuchen ist in der gleichen Ausgabe der Times die Rede. Simon Barnes schwärmt davon, dass besondere Spieler fähig sind Spitzenleistungen zu zeigen, von welchen andere nicht einmal zu träumen wagen. Er vergleicht die Leistungen von Roger Federer mit der brasilianischen Fußballmannschaft, dem mehrmaligen Weltmeister. Brasilien und Roger Federer geben alles, um zu gewinnen, und eine wirkungsvolle Methode dazu ist, es mit Einsatz und Fleiß zu tun.

Die Tage nach einem Sieg an einem großen Turnier sind für Champions selten Ruhetage. Roger Federer wird in Gstaad erwartet. Aus Dankbarkeit für die erste Wild Card von Turnierdirektor Köbi Hermenjat aus vergangenen Tagen hat er sich in Gstaad angemeldet. Trotz den Strapazen von Wimbledon würde er für nichts auf der Welt sein Versprechen brechen. Er weiß auch, dass ihn die ganze Schweiz erwartet. «Wenn ich nicht angetreten wäre, hätte ich das Gefühl gehabt zu fliehen. Ich weiß

Zwei Wochen in weiß und stolzer Wimbledonsieger 2003.

▲
«Die Trophäe war da... sie glänzte und ich nahm die Sonne in meine Hände...»

(Siggi Bucher erhielt für diese Aufnahme den Photopreis 2003 in der Kategorie Sport)

◄
Der Triumph eines Tennis-Genies.

durch die Presse, dass meine Landsleute mich erwarten und wissen wollen, wie sich ein Wimbledon-Sieger fühlt.»

Die Nacht wird kurz. Schon beim Morgengrauen sieht man Roger auf dem Tennisplatz. Er bleibt bis Sonntag im Turnier und hat interessante Begegnungen auf und außerhalb des Spielfeldes. Im Garten vom Hotel Bellevue träumt Roger: «Hunderte von Malen habe ich in meinem Kopf die gleiche Szene erlebt. Ich sitze auf meinem Spielerstuhl und betrachte die einige Meter von mir entfernt stehende Trophäe. Ich sage mir: Sie ist schön, sie glänzt, es ist wie die Sonne im Gesicht... Später nahm ich die Sonne in meine Hände. Ich fragte mich, wie schwer die Trophäe wohl sei. Ist sie schwer oder leicht? Lässt sie sich leicht in die Höhe stemmen? Ich habe nicht ge-

träumt, es war Wirklichkeit, und viele Fragen erschienen mir wichtig. Seit meiner Kindheit habe ich versucht, mir vorzustellen, wie Wimbledon-Sieger mit dieser Trophäe umgehen. Ich habe mir geschworen, keine andere als diese von Wimbledon zu küssen. Bis anhin habe ich einige gewonnen und nie eine andere geküsst.»

Ausgeruht spielt Roger Federer Anfang August in Montreal. Er ist die Weltnummer zwei, im Turnier hinter Lleyton Hewitt auf zwei gesetzt. Hewitt verliert in zwei Sätzen gegen Max Mirnyi. An Samstag, 9. August 2003, spielt Roger Federer gegen Andy Roddick. Eine Begegnung zweier Spieler aus der Weltspitze. Er vergibt den Sieg um sechs Punkte. Gestresst verliert er den Tie-Break des dritten Satzes und vergibt damit die Finalteilnahme. Aber Roger tröstet sich mit dem Gedanken an andere Gelegenheiten.

Das wird nicht am US Open sein, wo er in der vierten Runde erneut gegen David Nalbandian verliert. Fünf Begegnungen, ebenso viele Niederlagen. Roger Federer hat noch immer das Erfolgsrezept gegen seinen Angstgegner aus Argentinien nicht gefunden.

Schon steht das Halbfinale des Davis Cup in Melbourne an, wo sich die Schweiz Australien stellen muss. Marc Rosset hat schon immer ein gutes Händchen für die Aufstellung gehabt. Mit den Gegnern Lleyton Hewitt und Mark Philippoussis in den Einzelpartien und Todd Woodbridge-Wayne Arthurs im Doppel haben die Australier die Latte auf schwindlige Höhen gesetzt. Der erste Tag endet unentschieden: Roger Federer schlägt Mark Philippoussis und Lleyton erzielt das gleiche Resultat gegen Michel Kratochvil. Am Samstag verliert das Doppel Federer-Rosset knapp im fünften Satz. Es fehlten nur zwei Punkte zum Sieg. Die Hoffnung aber bleibt bestehen. Im Einzel gegen Hewitt konnte Roger beim Stand 7-5, 6-2 und 5-3 zum Sieg aufschlagen. Dabei unterläuft ihm ein dummer Smash-Fehler, das Spiel entwickelt sich zum Albtraum und die Begegnung wendet sich. Zwei Sätze, vier Spiele und ein Tie-Break später reißt Hewitt seine Fäuste zum Sieg in den wolkenverhangenen Himmel von Melbourne. Das Abenteuer Davis Cup ist damit beendet.

Roger gewinnt das Turnier von Wien, wo er im Final Carlos Moya bezwingt. Im Halbfinale von Madrid wird er in drei Sätzen von Juan Carlos Ferrero besiegt. Fast verlegen bezwingt er in Basel seinen Davis-Cup-Kapitän Marc Rosset, scheitert aber im zweiten Spiel an Ivan Ljubicic. Übermüdet begibt er sich nach Paris. Neue Niederlage im Viertelfinale gegen Tim Henman.

Die Folge ist reine Zauberei. Das letzte Turnier der Saison ist das Masters in Houston, wo sich die acht besten Spieler der Welt messen. Roger Federer ist mit Andre Agassi, David Nalbandian, Rainer Schuettler, Guillermo Coria, Carlos Moya, Andy Roddick und Juan Carlos Ferrero qualifiziert. Die zwei Letztgenannten sind auf dem Weg, die Weltnummer eins zu werden. Roger Federer ist weiter davon entfernt. Es würde schon außerordentliche Umstände und überraschende Ergebnisse erfordern, um das Jahr 2003 an der Spitze des Klassements zu beenden.

Roger Federer ahnt es noch nicht, aber das erste Duell gegen Andre Agassi ist ausschlaggebend. Bis dahin hatte er den Kid von Las Vegas noch nie besiegt. Und hier, im Tie-Break des dritten Satzes, sah er sich mit der Chance von zwei Matchbällen konfrontiert. Zwei Punkte später ist der Sieg perfekt.

Das nächste Hindernis war der gefürchtete David Nalbandian. Roger Federer gewinnt in zwei Sätzen, den zweiten zu null. Er hat seinen Angstgegner geschlagen und befindet sich auf Kurs Richtung Halbfinale.

▶ Roger Federer auf dem Weg zum Sieg am Masters Cup in Houston.

Die letzte Begegnung dieser Round Robin bereitet Roger Federer auch kein Problem mehr. Nach Nalbandian ereilte Juan Carlos Ferrero das gleiche Schicksal im Kurzverfahren.

Im Halbfinale steht er Andy Roddick gegenüber, und für Roger wird es nun doch möglich, das Jahr als Weltnummer eins abzuschließen.» Das war mein bester Match des Turniers», sagt Roger Federer und Andy Roddick doppelt nach: «Heute Abend hat er meinen A… geschlagen, und wenn er morgen im Finale auch so gut spielt, kann sich sein Gegner wirklich nur noch Sorgen machen.»

Sein Gegner heißt Andre Agassi und ist gierig auf Revanche für die Niederlage in der Vorrunde. Im Halbfinale musste Andre drei Sätze lang kämpfen, um Rainer Schüttler zu bezwingen. Neue Herausforderung, neues Meisterwerk: Roger Federer setzt sich in drei Sätzen durch. Laut seinen eige-

▲
Am Masters Cup in Houston.

Ehre, wem Ehre gebührt ...

nen Aussagen das bisher beste Spiel seines Lebens! «Ein Glücksgefühl ist es, wenn man spürt, seine Aufgabe bestens gelöst zu haben. Nach meinem Sieg in Wimbledon habe ich Zeit gebraucht, das gewisse Etwas in mir zu erkennen. Ich weiß nun, dass dieses gewisse Etwas zu mir gehört und ich es nicht so schnell verlieren werde. Was ich heute fühle, ist eine innere Kraft, die mich weiterbringt. Wenn ich mich im Kopf und im Körper gut fühle, kann ich noch manches Turnier als Sieger beenden!» Das Schlusswort gehört dem Verlierer: «Ich gratuliere dir zu deinem Spiel, nicht nur heute im Finale, sondern für das gesamte Masters. Du hast es verdient, diese Herausforderung zu bestehen, und es ist ein Genuss, dich spielen zu sehen.» Anerkennende Worte von Andre Agassi.

Roger Federer beendet die Saison 2003 als Weltnummer zwei!

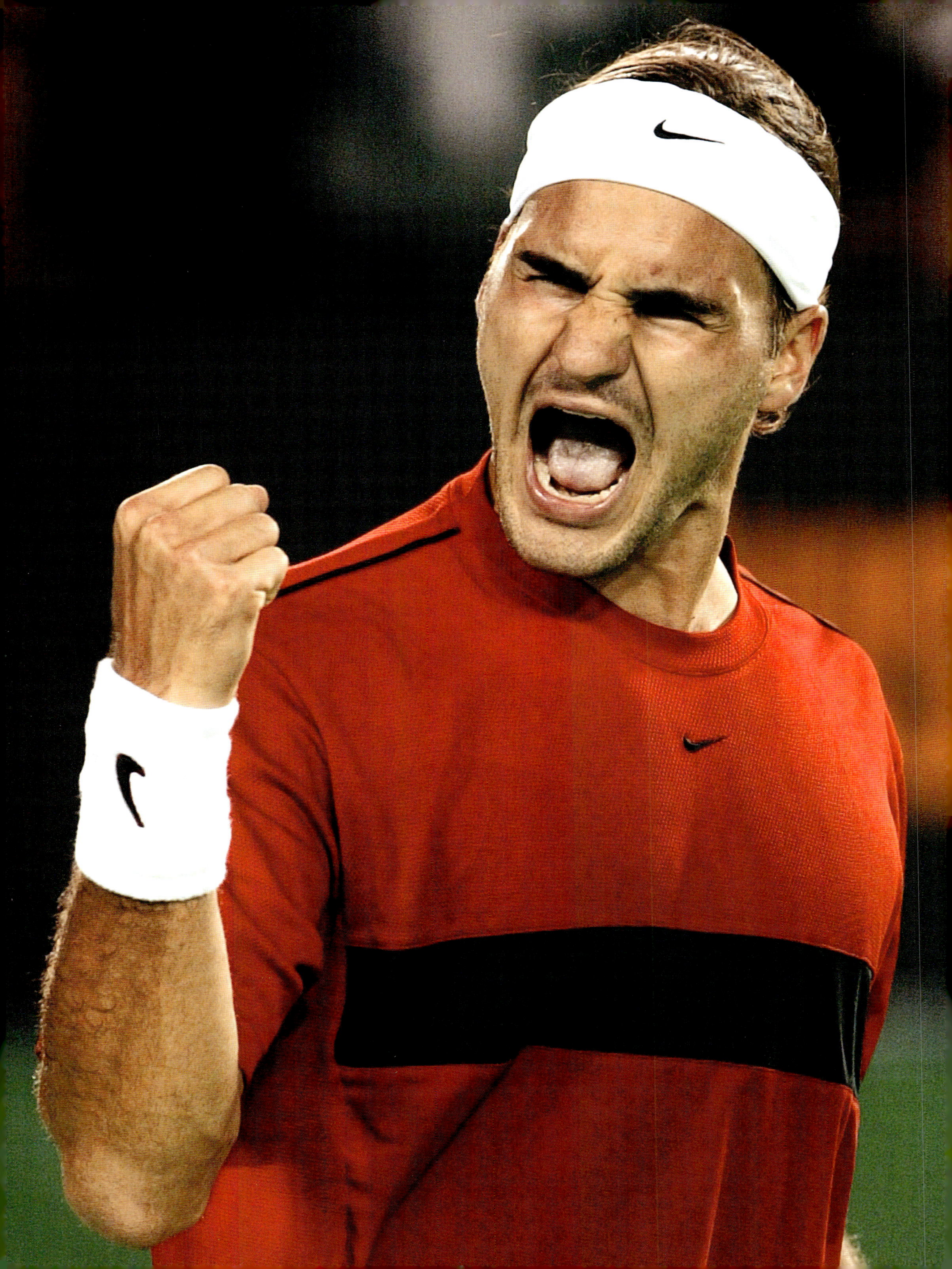

2004
Aufstieg zum Superstar

◄
2004 wird
Roger Federers Jahr.

Roger Federer hat seine Lehrzeit beendet. Sein Sieg am Masters in Houston hat sein Selbstvertrauen gestärkt, sein Tennis ist auf einem hohem Niveau angelangt und er ist zu neuen Taten bereit.

Er lässt die Turniere von Doha und Sydney aus, wo er nur wenige Punkte zu verteidigen hat. Als Vorbereitung auf die neue Saison beschränkt er sich auf ein Einladungsturnier in Koyong, einem Vorort von Melbourne.

Das Australian Open ist das erste Grand-Slam-Turnier des Jahres. Im Kampf um die Weltspitze wird er besonders von Andy Roddick gefordert. Der Amerikaner hat Anfang November 2003 die Vormachtstellung übernommen, nach einer Saison mit nicht weniger als zehn Turniersiegen, unter anderem entschied er das US Open für sich. Juan Carlos Ferrero ist auch nicht weit von der Spitze entfernt. Diese drei Spieler werden um die Ehre, die Weltnummer eins zu sein, kämpfen.

Roger Federer reizt die Perspektive, einmal ohne Coach die Probleme zu lösen: «Ich glaube fähig zu sein, ein Spiel zu analysieren, auch die Bedingungen und die Umstände. Ich werde die Verantwortung selbst übernehmen!» Er verzichtet auf die Mitarbeit von Peter Lundgren.

Die Auslosung beschert ihm einen leichten Start. Alex Bogomolov Jr in Runde eins, Jeff Morrison in Runde zwei und Todd Reid besiegt Roger problemlos in drei Sätzen. Im Achtelfinale wartet aber mit Lleyton

▲ ▶
An einem grossen Turnier die Nummer eins zu werden, ist ein phantastischer Traum.

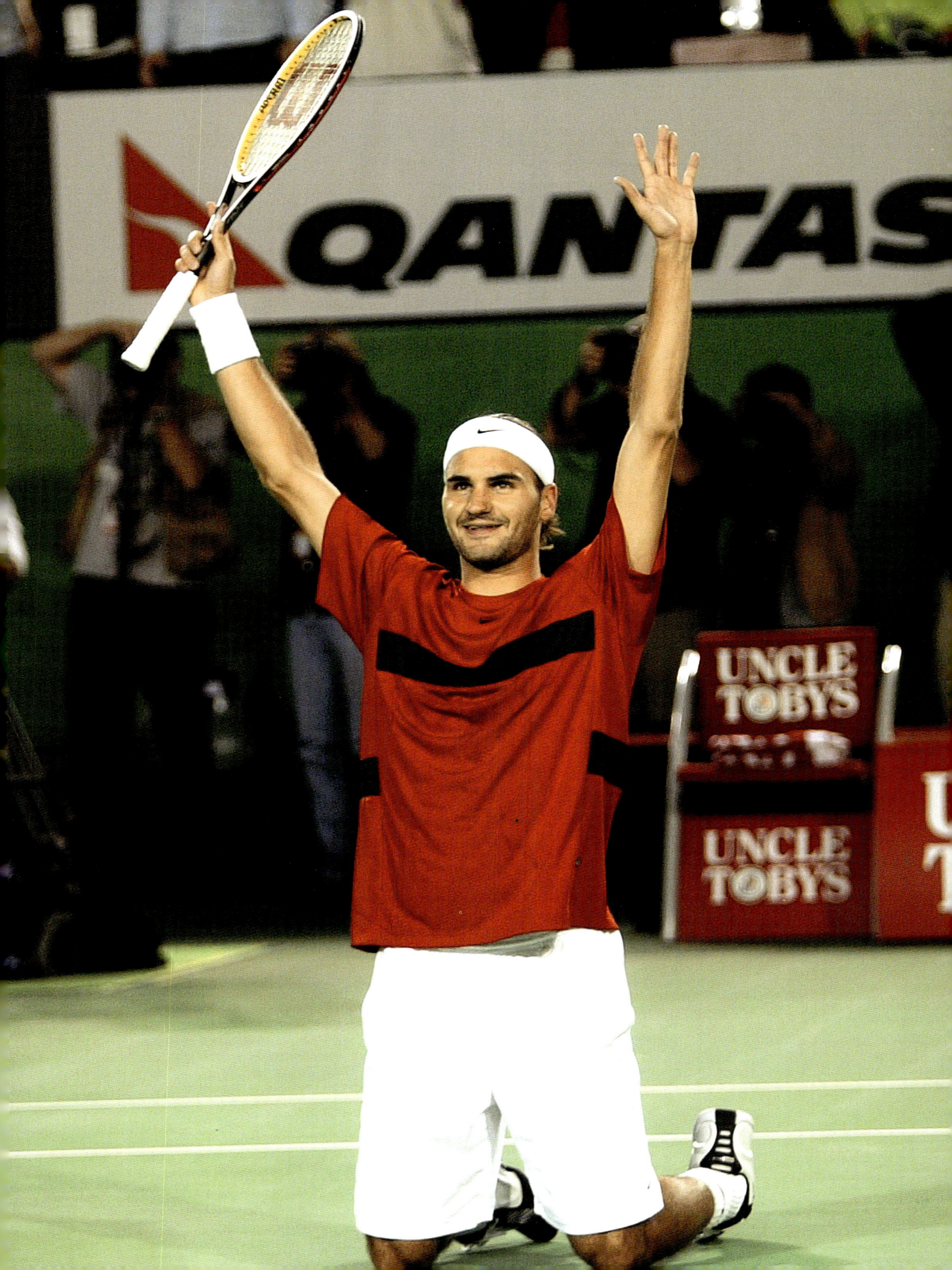
QANTAS
UNCLE TOBYS
UNCLE TOBYS

Hewitt ein anderes Kaliber… Umsomehr als die Begegnung auf den 26. Januar angesetzt ist, den australischen Nationalfeiertag, den Australian Day. Während eines gigantischen Feuerwerks am Himmel von Melbourne, gelingt es Roger, Lleyton zu bezwingen. «Als ich zum Matchgewinn servierte, fühlte ich, wie sich mein Körper anspannte», bekannte Roger Federer. «Tausend Bilder durchqueren meinen Kopf, aber um nichts auf der Welt wollte ich den im letzten September erlebten Albtraum wiederholen. Als ich abschloss, habe ich eine große Befreiung gespürt.»

David Nalbandian, den er nach sechs negativen Begegnungen in Houston erstmals geschlagen hat, leistete ihm hier keinen sehr großen Widerstand. Freitag, 30. Januar 2004, Rod-Laver-Arena. Vor dem Halbfinale zwischen Roger Federer und Juan Carlos Ferrero warfen beide noch einen Blick auf die aktuelle Weltrangliste, die nach den ersten zehn Tagen des Turniers Änderungen erfuhr.

Andy Roddick verliert gegen Marat Safin und scheidet aus. Roger Federer hat die Spitze übernommen und nur noch der Spanier Ferrero kann ihn daran hindern, die 23. Nummer eins der Welt in der Geschichte des Tennis zu werden.

Roger Federer ist äußerst angespannt, versucht aber locker zu bleiben. Natürlich kann er auf eine Serie von zehn Siegen gegen Top-Ten-Spieler blicken. Der Letzte, der ihn geschlagen hat, im Oktober 2003, ist sein nächster Gegner, Juan Carlos Ferrero. Roger Federer gibt aber eindeutig dem Turniersieg den Vorzug: «Ein Sieg an einem Grand-Slam-Turnier bedeutet etwas Außerordentliches, eine Sensation, ein Gefühl, das man nie vergisst. Die Weltnummer eins zu werden, gelingt natürlich nur, wenn man auch große Turniere gewinnt.» Roger Federer setzt sich in drei Sätzen durch und steht im Finale. Wie ist es doch einfach, zu sagen: Roger ist die Weltnummer eins.

Im Schutz der Umkleidekabine spielt Roger Federer gerne auf den Tasten seines Mobiltelephons. Magie des SMS: Marc Rosset, Pierre Paganini, Peter Lundgren und noch viele andere haben es sich nicht nehmen lassen, ihm zu gratulieren.

Später gibt er zu bedenken: «Ich weiß, was jetzt alles auf mich zukommt. Ich hatte schon einen Vorgeschmack nach dem Sieg am Masters Cup. Selten waren die Abende, die ich bei mir zu Hause verbringen konnte. Ich hatte eine Saison vorzubereiten mit vielen Verpflichtungen. Im Nachhinein glaube ich sagen zu können, dass ich es nicht schlecht hingekriegt habe. Im Prinzip bin ich sehr sensibel, und um ehrlich zu sein, macht es mir Freude, wenn man mich als guten Typ bezeichnet, und dies nicht nur auf dem Tennisplatz, sondern auch außerhalb. In meinem Sinn ist jemand ein guter Typ, wenn er ehrlich ist und versucht, dort zu helfen, wo man ihn braucht, und nicht in die bequeme Ausrede, ein guter Tennisspieler zu sein, flüchtet.»

Roger Federer hat es immer als großen Traum betrachtet, nach einem Grand-Slam-Titel die Weltnummer eins zu werden. Der

▶ Erster Grand-Slam-Titel am Australian Open in Melbourne und neue Nummer eins der Welt.

▶▶ Wie ein Schatten auf dem Court von Melbourne. Der Schatten eines Winners, dem bald die Tenniswelt zu Füssen liegt.

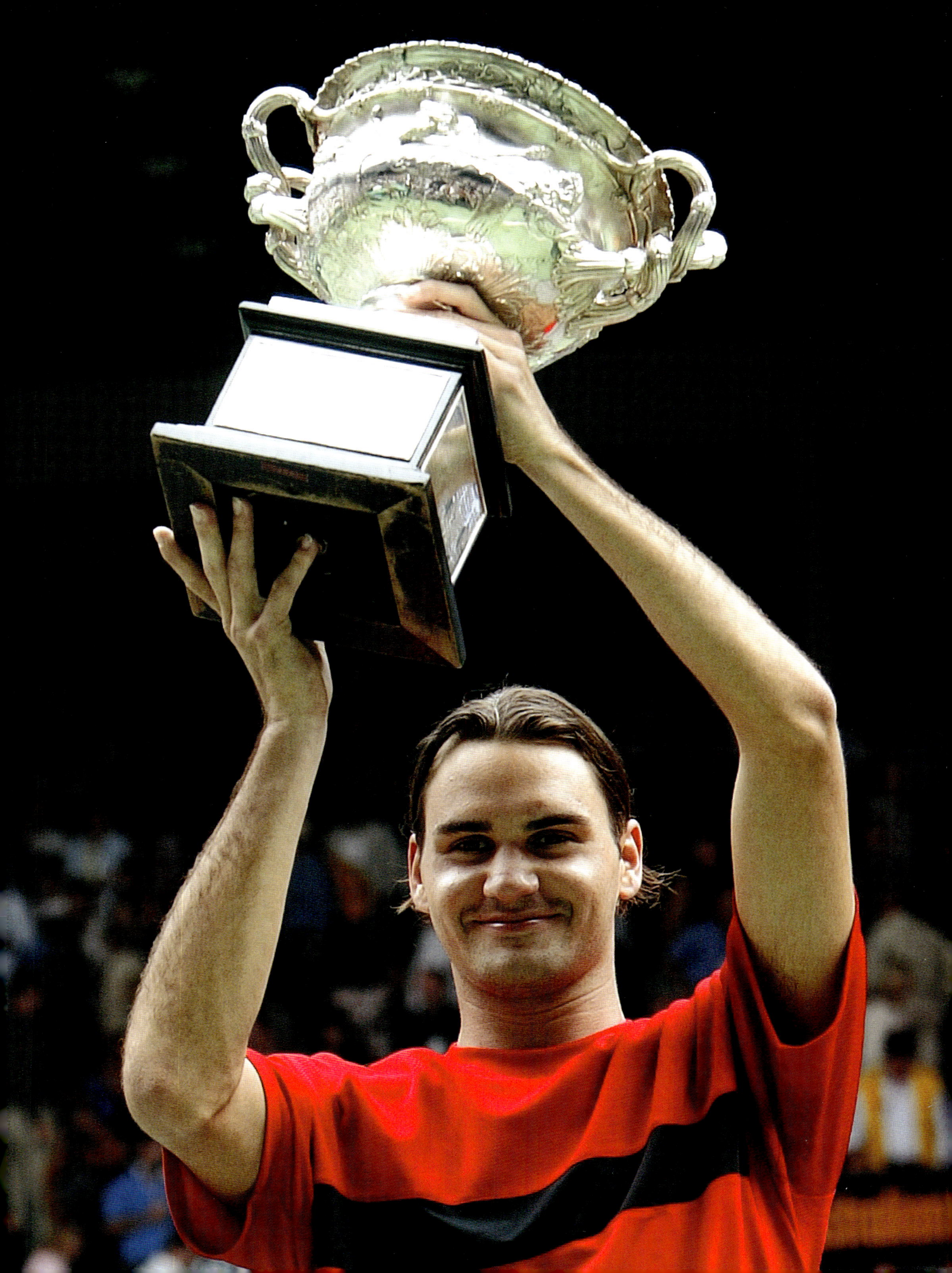

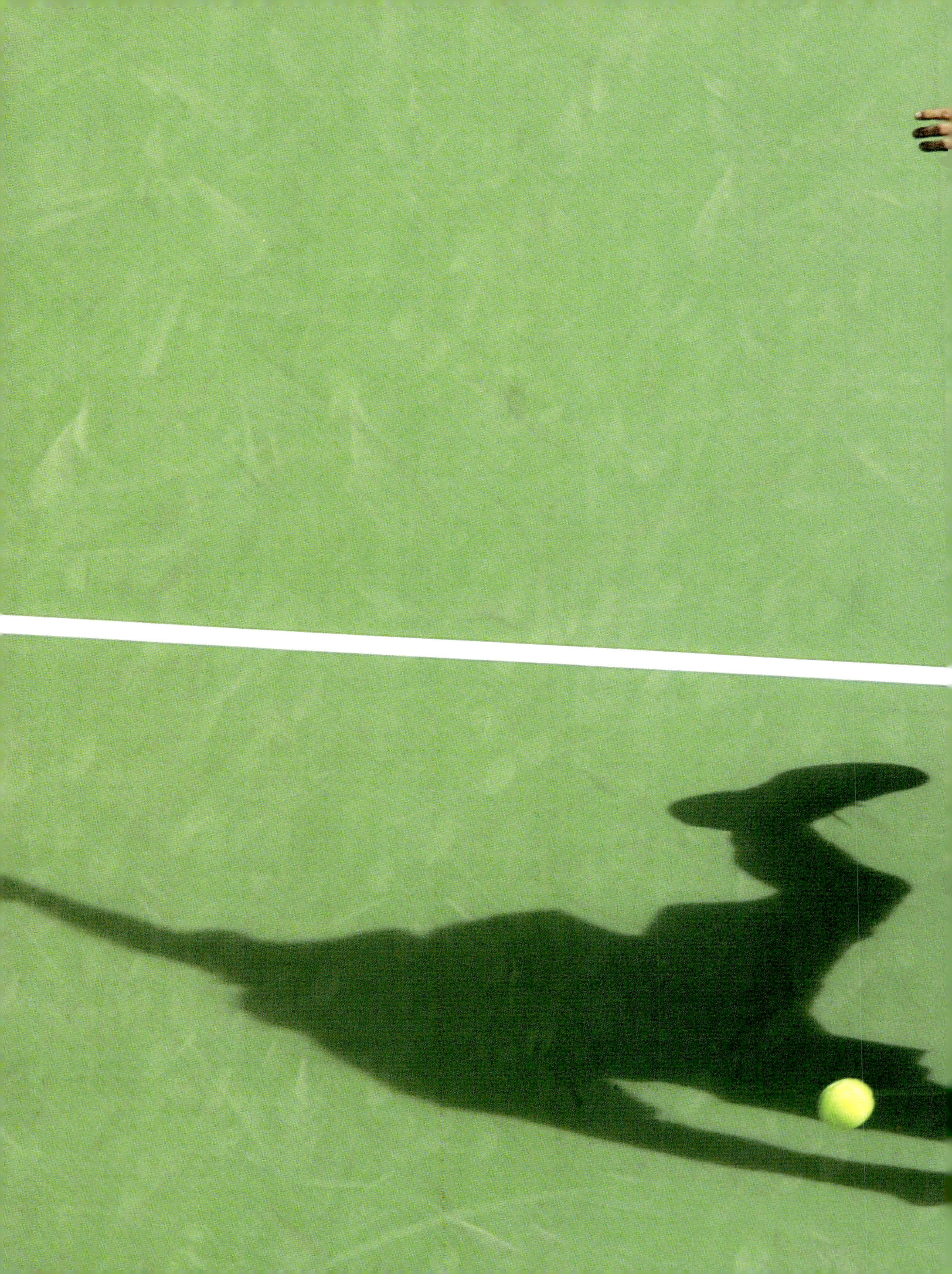

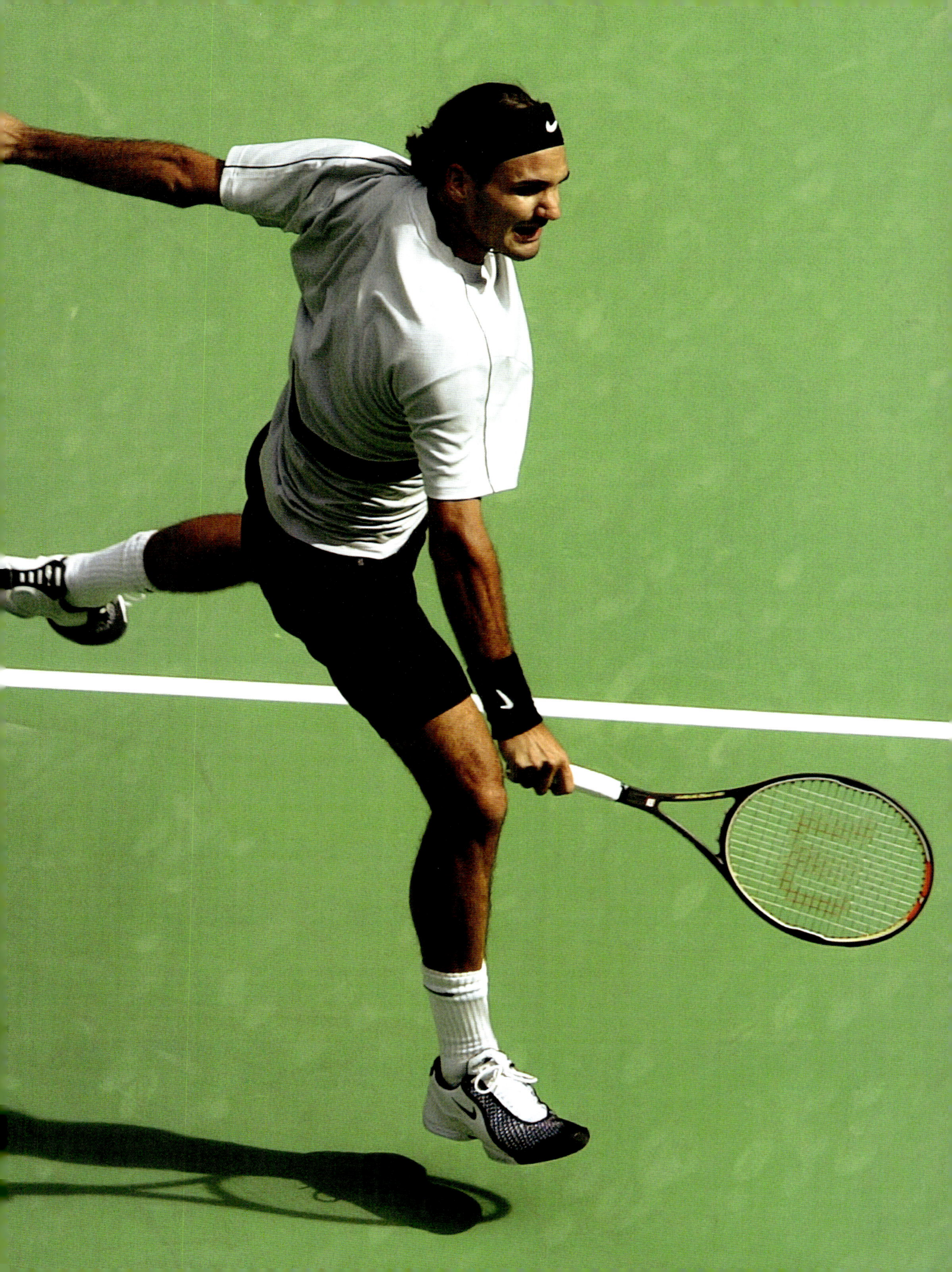

Finalgegner Marat Safin hat auch eine tolle Serie ohne Niederlagen gespielt. Er hat Andy Roddick, die abgelöste Nummer eins, und den Titelverteidiger Andre Agassi geschlagen. Er spielte siebenundzwanzig Sätze, stand ungefähr zwanzig Stunden auf dem Tennisplatz und versichert seinen Leuten: «Macht euch keine Gedanken über meine Fitness, ich werde bereit sein. Mit 24 Jahren erholt man sich schnell!»

Marat erholt sich nicht so schnell. Am Sonntag, 7. Februar 2004, ist Roger Federer ganz einfach zu stark für ihn. Safin riskiert zu viel und verliert schließlich in drei Sätzen. Federers Überlegenheit ist deutlich sichtbar.

Man erinnert sich gerne, dass Roger Federer nach dem Sieg mit einer Champagnerflasche auf dem Balkon der Rod-Laver-Arena erschien. Die Flasche zu entkorken hat ihm sichtlich mehr Probleme gemacht, als seine Gegner zu bezwingen.

Andere Spieler hätten sich wohl auf den Lorbeeren ausgeruht. Nicht Roger Federer. Er hat versprochen, so schnell wie möglich der Schweizer Davis-Cup-Mannschaft zu folgen, um die Begegnung gegen Rumänien in Bukarest vorzubereiten. Auf dem Spiel stand die Qualifikation für das Halbfinale gegen Frankreich in der Schweiz. Die Rumänen haben sich entschlossen, auf Sandbelag zu spielen, und die neue Weltnummer eins hatte nur zwei Tage, um den Zeitunterschied zu verkraften und sich auf den neuen Belag einzustellen, auf den Andreï Pavel und Victor Hanescu schon bes-

▲
In Bukarest gewinnt die Schweiz gegen Rumänien.
Roger gewinnt zwei Einzel und das Doppel an der Seite von Yves Allegro.

▶
In Lausanne gegen Frankreich. Roger gewann beide Einzelspiele – aber der dritte Punkt entschied Frankreich für sich.

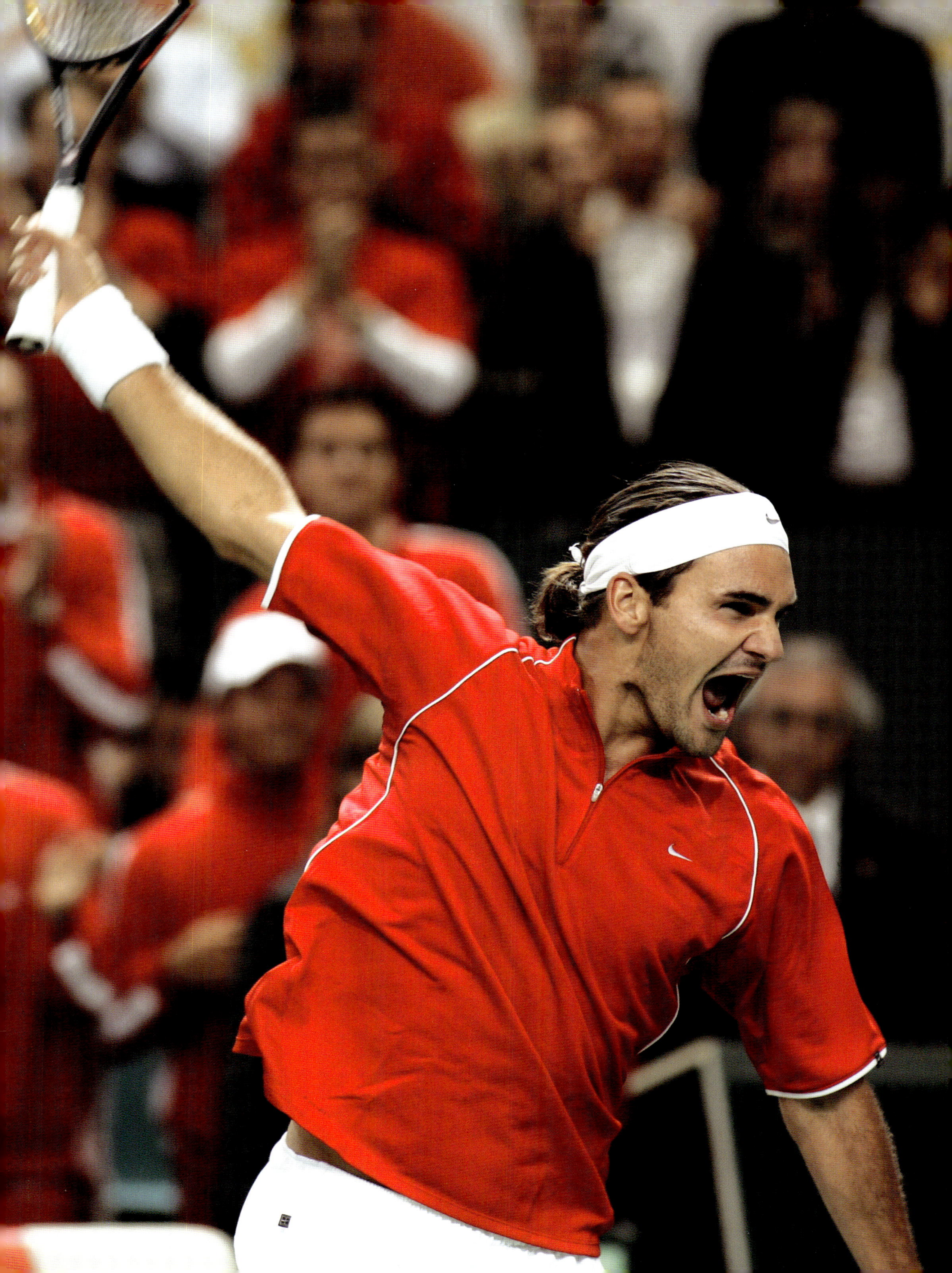

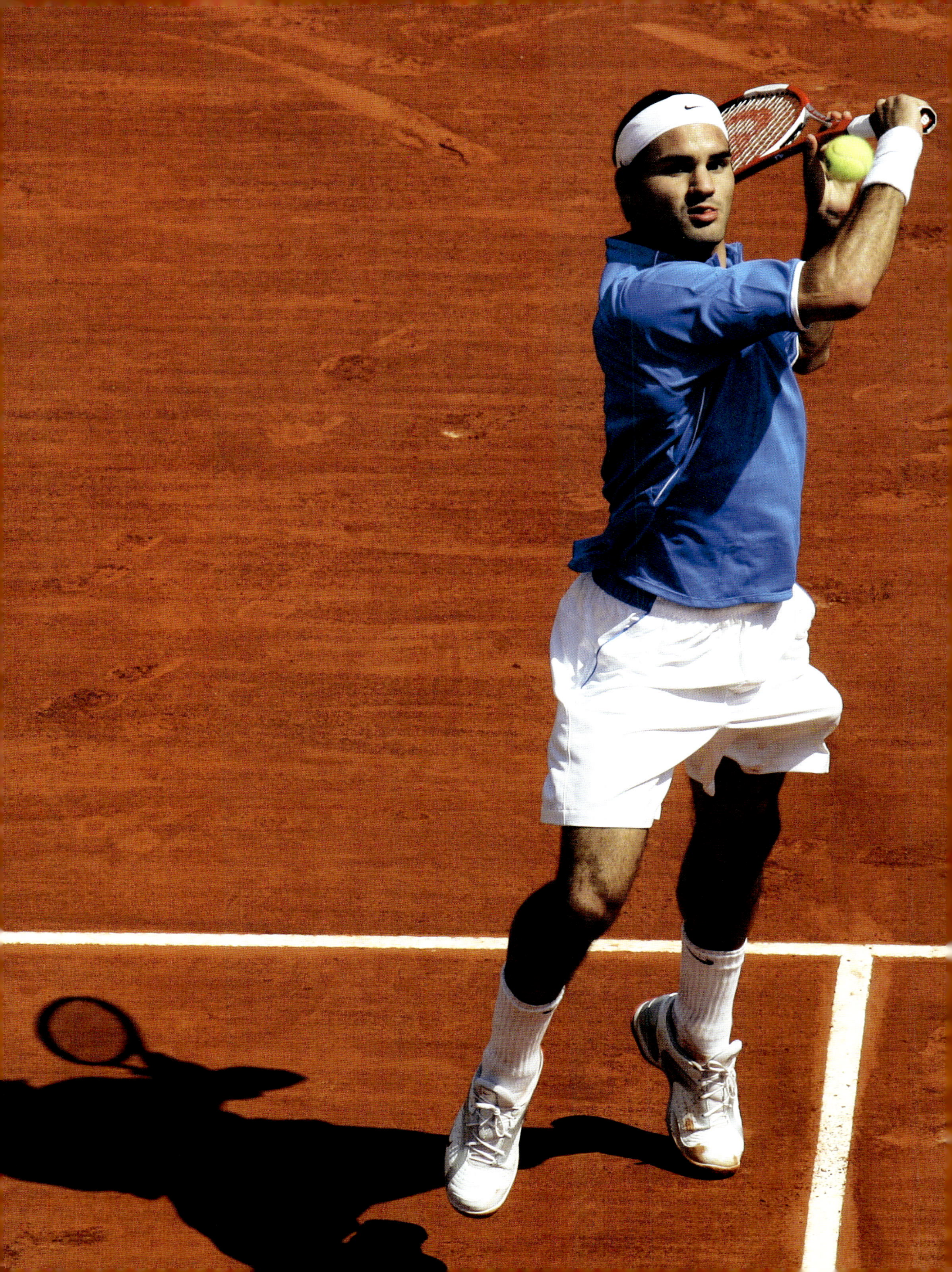

◄

Auf dem Sandplatz von Porte d'Auteuil fand Roger einen Bezwinger: Gustavo Kuerten.

▶▶

Sieger auf dem Sandplatz von Hamburg. Roger Federer zuversichtlich für Roland Garros wie nie zuvor.

tens vorbereitet waren. Als Held von der ganzen Mannschaft herzlich empfangen, hatte Roger diesen für ihn typischen Satz bereit: «Entschuldigung, meine Freunde, für die Verspätung – aber ich habe gute Gründe.» Kein Grund aber, um sich nicht voll einzusetzen und in drei Tagen drei Siege einzufahren.

Sein Aufstieg zur Weltnummer eins macht ihn zum homme à battre. Das bekommt er eine Woche später in Rotterdam deutlich zu spüren. Er schlägt Arnaud Clément und erneut Andreï Pavel und erhöht damit seine Siegesserie auf sechzehn. Aber er scheitert in der dritten Runde an einem alten Bekannten, an Tim Henman. Roger Federer erlitt seine letzte Niederlage im Viertelfinale der Masters Serie von Paris Bercy, Anfang November 2003. Das erfolgreiche Service-Volley-Spiel von Tim Henman bleibt für ihn eine Art Wunder. Ein Wunder wird es aber nicht mehr lange bleiben. Er gewinnt das Turnier von Dubai (gegen Lopez) und jenes von Indian Wells. Und gegen wen gewinnt er im Finale? Er schlägt Tim Henman in zwei Sätzen und die Fachleute bekennen, dass Roger Federer ohne Zweifel der beste Tennisspieler der Welt ist.

Mit seinem dritten Titel des Jahres hat Roger Federer seinen fünften aufeinander folgenden Sieg errungen. Es ist klar, dass er sich damit nicht zufrieden gibt und dass sich noch Rekorde einstellen werden. Seine Leistungen werden mit Sicherheit in die Annalen der Tennisgeschichte eingehen. Aber greifen wir nicht vor …

Er wird sich in Miami dem Druck eines gewissen Rafael Nadal beugen müssen. Roger Federer hat bald einmal gespürt, dass sich der Spieler aus Spanien anschickt, sein stärkster Kontrahent zu werden. Geschwächt durch starkes Fieber, ahnt er, dass er gegen das Feuer des hungrigen Mallorquiners nichts ausrichten kann. Er verliert in der zweiten Runde in zwei Sätzen. «Ich habe sehr schnell begriffen, dass ich heute nicht die Kraft habe, ihm ein ebenbürtiger Gegner zu sein», erklärte er später. Und da alle Widrigkeiten auch ihre guten Seiten haben, freut er sich auf einen Aufenthalt auf der Halbinsel von Key Biscayne. Er muss sich pflegen, neue Kräfte sammeln, um für die geplante Davis-Cup-Begegnung der Schweiz gegen Frankreich in Lausanne gerüstet zu sein.

Roger Federer wiederholt: «Den Davis Cup zu gewinnen, ist ein weiterer Traum. Bereits im Viertelfinale spürte man, der Coup ist möglich. Ich habe Vertrauen in Yves Allegro, meinem künftigen Doppelpartner, in Stan Wawrinka, dem jungen Aufsteiger, und vor allem in eine Mannschaft, die harmoniert und gute Zukunftsaussichten hat.»

Roger Federer macht seine Arbeit gut. Er gewinnt sein erstes Einzel gegen Nicolas Escudé. Aber Ivo Heuberger (anstelle von Wawrinka nominiert) verliert. Nach der Niederlage im Doppel gleicht Roger die Partie mit einem Sieg gegen Arnaud Clément aus. Michel Kratochvil und Nicolas Escudé entscheiden im letzten Einzel, welche Mannschaft, die Schweiz oder Frankreich, im

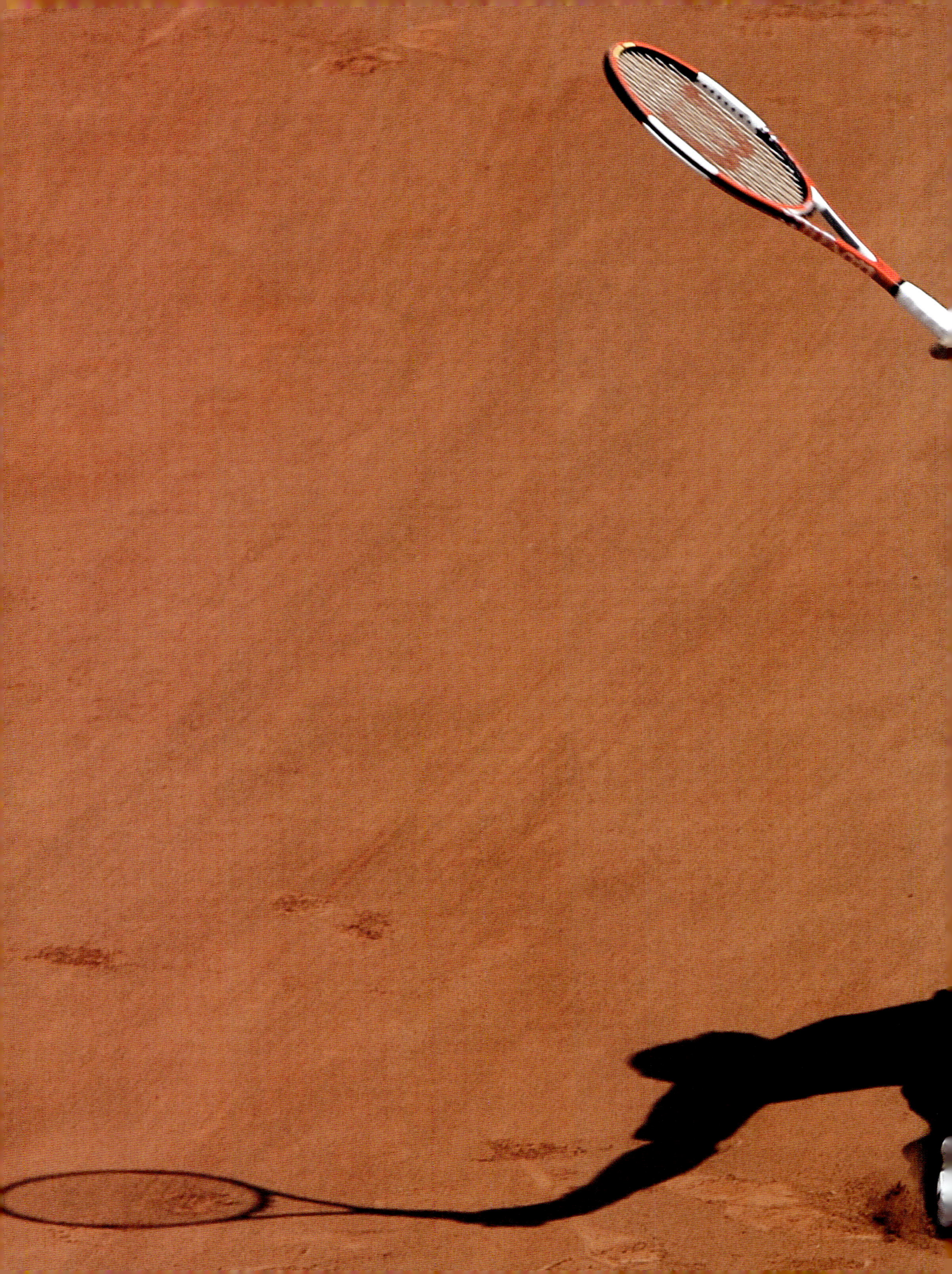

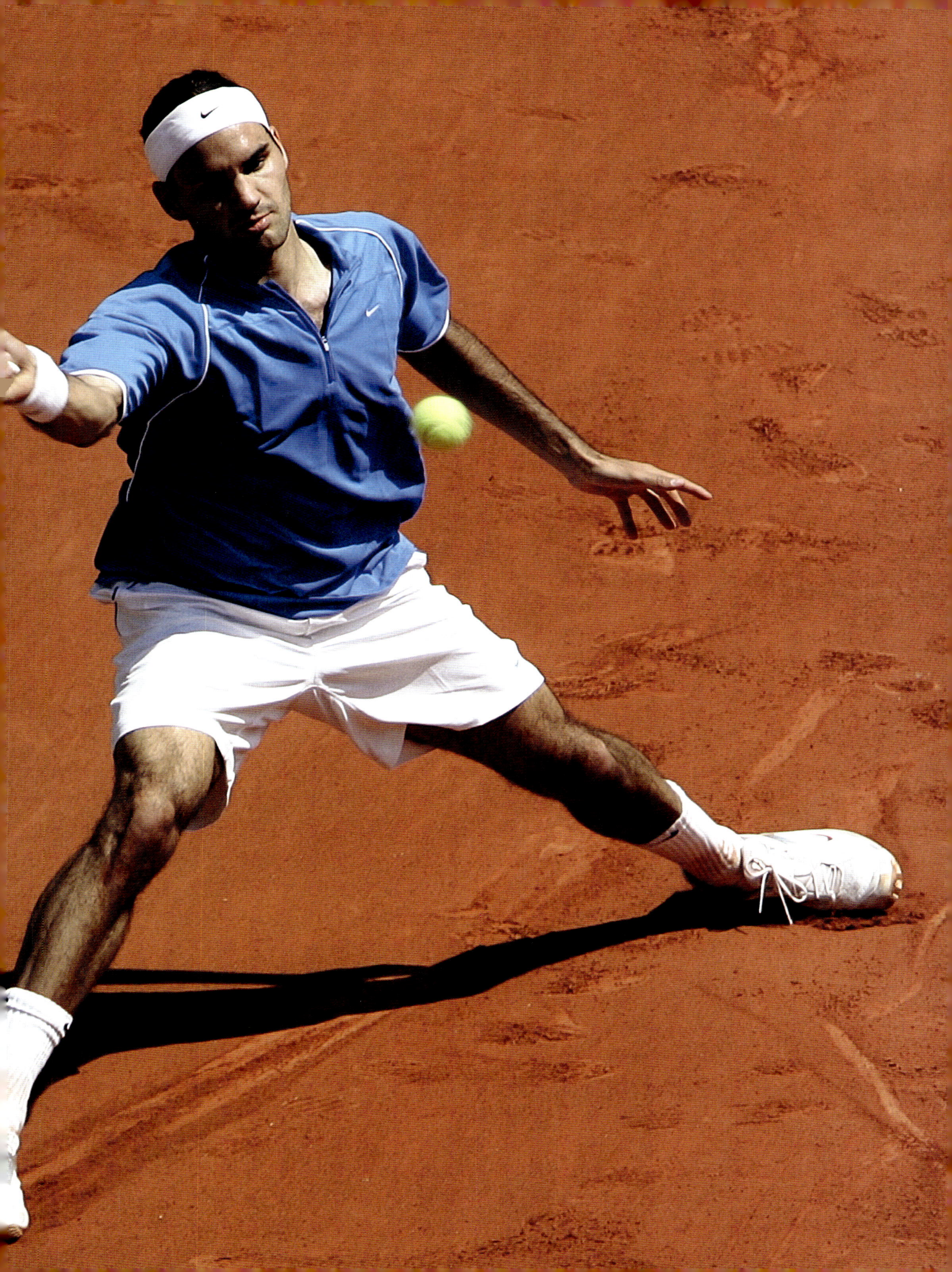

Halbfinale gegen Spanien spielen wird. Es gelang nicht. Nach hartem Kampf und großem Einsatz musste Micha das Feld geschlagen verlassen.

Einem Fotografen, der ein Bild knipsen will, widersetzt er sich. Der Stimmung des Momentes folgend erklärt er: «Ich gehe nie in ein Nachtlokal und ich will nicht, dass die Leute denken, ich könnte nach einer Niederlage noch feiern.»

Die nächste Aufgabe, die auf die Weltnummer eins wartet, ist das Turnier von Rom. Seit langem wieder einmal auf einem Mergelplatz spielend, unterliegt er in der zweiten Runde dem Sandplatz-Spezialisten Albert Costa im dritten Satz. Damit stehen seit Saisonbeginn vierundzwanzig gewonnenen Spielen drei Niederlagen gegenüber. In Hamburg schließlich hat er sich Gaston Gaudio, Nicolas Lapenti, Féliciano Gonzales, Carlos Moya und Lleyton Hewitt zu stellen, und im Finale steht er einem starken Gegner gegenüber: Guillermo Coria. Der Argentinier blickt auf eine Serie von einunddreißig gewonnenen Spielen zurück, er verliert aber in vier Sätzen. Roger Federer verblüfft die Statistiker: Fünfzehnter Titel seiner Karriere, gleich viel wie Marc Rosset, der Schweizer mit den bisher meisten Titeln. Roland-Garros wird ihn mit offenen Armen empfangen.

Er beginnt das Turnier in einem für ihn nicht üblichen blauen Leibchen und sagt nach dem Sieg gegen den Belgier Kristof Vliegen selbstsicher: «Ich werde dieses Shirt während des ganzen Turniers tragen!» Ein Plan, der Nicolas Kiefer nicht aufhalten kann, und er verliert sich in eine ganze Serie von Komplimenten: «Roger Federer kann dieses Turnier absolut gewinnen. Er hat keine Schwachpunkte, und wenn er sein Können optimal einsetzt, wird es sehr schwierig sein, ihn zu bezwingen!» Gustavo Kuerten schafft es in der dritten Runde: «Ich weiß nicht was morgen sein wird, aber ich weiß, dass ich heute Samstag, 29. Mai 2004, einen perfekten Match gespielt habe. Ich konnte stets die Oberhand behalten und gab dem erstklassigen Gegner keine Chance.»

Nach dieser Niederlage sind die Aussichten auf den Grand Slam verpasst. Roger Federer nuanciert: «Viele trauen mir den Grand Slam zu. Ich habe dies nie bestätigt. Ich kenne den Preis, den man bezahlen muss, nur um eines der Grand-Slam-Turniere zu gewinnen. Und dann im gleichen Jahr alle vier ... Aber eines ist wohl richtig. Roland-Garros ist und bleibt das schwierigste!»

Die Zukunft sorgfältig planen? Oder einfach auf Selbstvertrauen bauen? Wer weiß. Die Geschichte wird uns eine Antwort geben. In Halle (auf Rasen) findet Roger Federer wieder zu seinen Stärken und gewinnt gegen Johansson, Youzhny, Clément, Novak und im Finale Fish. Alle fünf Begegnungen in zwei Sätzen, und dabei gab er nur 26 Punkte ab. Wer ihm die Favoritenrolle für Wimbledon abstreiten will, muss sich wohl warm anziehen.

▶
Auf dem Center Court von Wimbledon: Ein Rückhand-Flugball wie ihn auch Sampras perfekt beherrschte.

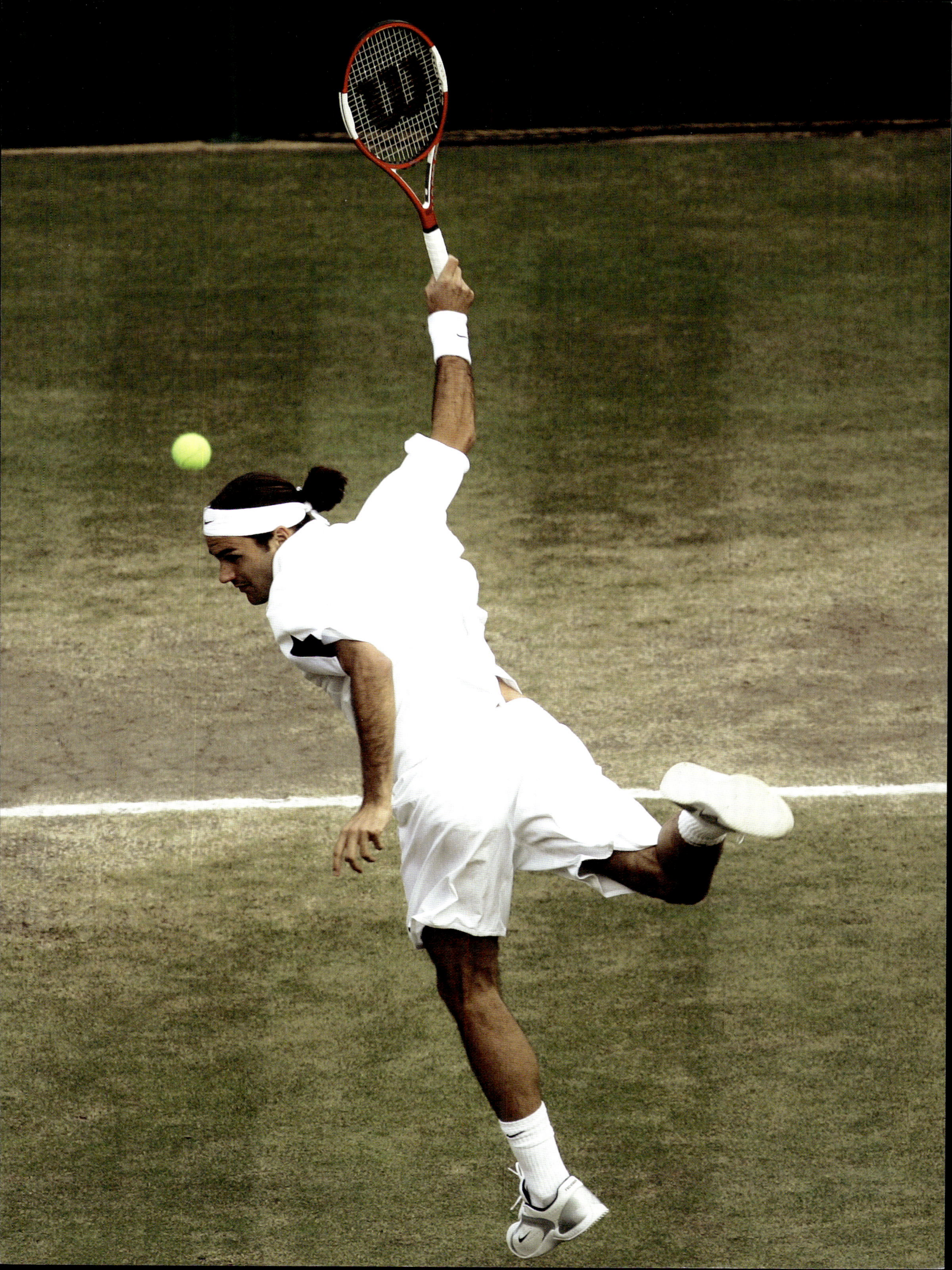

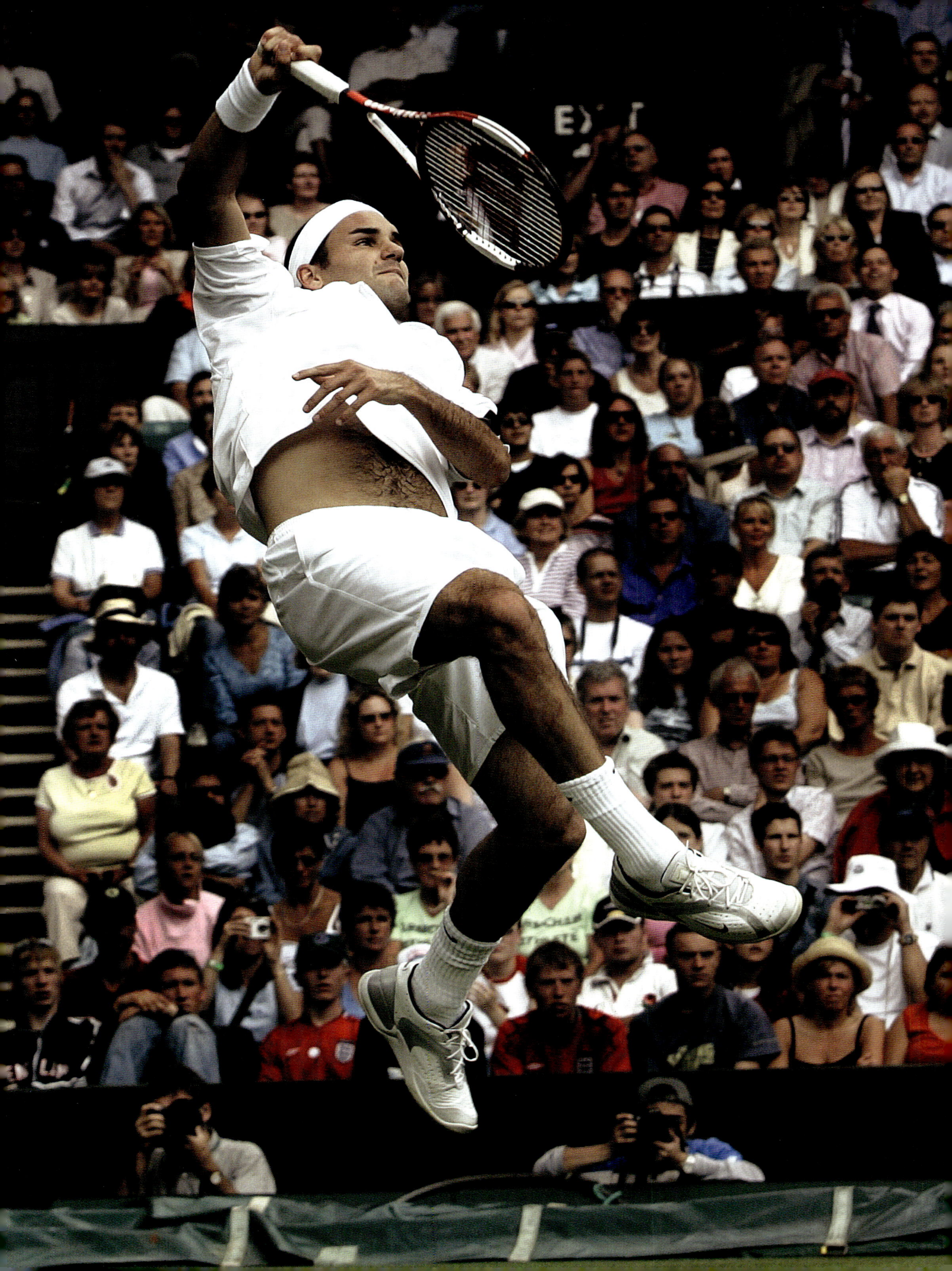

Roger Federer fühlt sich in Wimbledon besonders wohl.

Wenn es ein Umfeld gibt, das Roger am besten entspricht, ist es sicher All England. Roger Federer in diesem ehrwürdigen Tempel Tennis spielen zu sehen, ist ein Erlebnis. Es ist ganz besonders hier, wo Roger Federer sein wirkliches Können zeigen kann. Hier erreicht sein phänomenales Tennis unerreichbare Höhenflüge; unerreichbar für viele andere Spieler. Das bestätigen zum Beispiel Lleyton Hewitt, Sébastien Grosjean oder Andy Roddick. Diese drei stehen auch im Brennpunkt des Turniers, was Roger Federer erlaubt, in der zweiten Turnierwoche seine Position als Weltnummer eins zu konsolidieren, seinen Titel zu verteidigen, aber auch seinen dritten Grand-Slam-Titel und sein sechstes Turnier des Jahres zu gewinnen.

Lleyton Hewitt fällt im Viertelfinale in vier Sätzen als Erster aus dem Raster. Der Australier sagt in einem Satz, was er dabei gefühlt hat: «Ich bin ein guter Spieler, ich war auch schon die Weltnummer eins und ich werde weiterhin Spiele gewinnen, aber nicht gegen Roger Federer.»

Aus dem versprochenen Grosseinsatz des Ex-Champions Sébastien Grosjean wird nichts. Zu schnell, zu stark und zu inspiriert setzt sich Roger Federer in drei Sätzen durch – der Dritte im Tie-Break – und wird im Finale auf Andy Roddick treffen.

Die Begegnung dauert zwei Stunden und zwanzig Minuten. Sie wird zwei Mal durch Regen unterbrochen. Beide Male befand sich der Amerikaner im Aufwind und es ist, wie wenn die Götter mit Bedacht entschieden hätten. Als wäre dort oben die Entscheidung gefallen, demjenigen zu Hilfe zu eilen, den anderntags die Londoner Presse als neuen König von Wimbledon bezeichnet: Roger Federer.

Andy Roddick pflegt seine Gegner lange zu studieren, damit ihm niemand den Weg zum Erfolg verbaut. Als fairer Spieler gibt er seinen ehrlichen Eindruck wieder: «Jedes Mal, wenn ich glaubte, punkten zu können, kam von Roger ein genialer Ball zurück. Einer dieser Schläge, die sein Geheimnis sind, die dich auf den Boden nageln und dich beinahe veranlassen, seine Punkte zu beklatschen.»

Roger Federer ist zum zweiten Mal Wimbledon-Sieger geworden. Er sagt zwar, dass man sich nie an solche Emotionen gewöhnt. Wenn sie ihn um einen Vergleich beider Titel fragen, kommt die Antwort schnell: «Ich kann nur sagen, dass beide Male die Emotionen sehr stark waren. Ich weiß nicht, ob man sich an diese Art Emotionen gewöhnen kann – ich hoffe nicht!»

Am Tag nach seinem Triumph in London verzichtet er auf den traditionellen Championsabend und trifft am Nachmittag auf dem Flugplatz von Saanen im Berner Oberland ein. Müde verliert er keine Zeit, sein Hotel aufzusuchen, wo bei seiner Ankunft das Personal für ihn eine Ehrenecke reserviert hat. Er ahnt natürlich nicht, wie in dieser Woche das Wetter mit seinen Nerven spielen wird und wie viel Geduld es von den Organisatoren und vom zahlreich erschienenen Publikum abverlangt.

«Ich bin als die Weltnummer eins gekommen und um als solcher hier zu gewinnen», erklärt Roger. Er wird auch gewinnen. Er schlug nacheinander: Thomas Behrend, Ivo Karlovic und Radek Stepanek; den Ersteren morgens und die anderen am Nachmittag, mit einem Total von 375 gespielten Punkten. Er hat drei Stunden und zweiunddreißig Minuten auf dem Spielfeld verbracht! Potito Starace bezwingt er im Halbfinale und Igor Andrew in vier Sätzen im Finale.

Während fast vier Monaten ist Roger Federer auf Achse und der Körper verlangt eine Ruhepause. Es ist wirklich nötig, denn das anstehende Programm ist reich befrachtet: Toronto, Cincinnati, zurück nach Europa für die Olympiade in Athen. Dann wieder über den Atlantik Richtung New York fürs US Open. «Das ist machbar», schätzt Roger. Die erste Etappe dieser Herausforderung scheint ihm Recht zu geben. In Kanada gewinnt er die ersten vier Spiele in zwei Sätzen. Seit Jahresbeginn hat er Hewitt in Melbourne, Safin in Dubai, Agassi in Indian Wells, Moya, Hewitt und Coria in Hamburg und Roddick in Wimbledon geschlagen. Der gleiche Roddick ist das neunte Opfer in Serie aus den Top Ten!

Er prophezeit: «Es wird der Tag kommen, wo das aufhören wird!» In Cincinnati verliert er in der ersten Runde gegen Dominik Hrbaty, die Weltnummer 21. «Das war vielleicht doch ein Turnier zu viel», kommentiert Roger. «Ich bin nicht enttäuscht und niemand muss mich trösten. Ich hatte eine erfolgreiche Serie, die nun abgebrochen ist, das ist alles!»

Ist Roger Federer in Gedanken schon an den Olympischen Spielen? Eigentlich kann man das annehmen, denn Athen stellt eines seiner Ziele der Saison dar: «Wenn man ein großes Turnier verliert, bleibt immer noch etwas übrig, das sich zu gewinnen lohnt. Olympia ist etwas ganz anderes – es ist eine große Aufgabe, die sich nur alle vier Jahre wiederholt!»

In Athen, berichtet die Chronik, ist Roger Federer ein Unbekannter. Das griechische Tennis ist praktisch nicht existent. Bereits das Spiel gegen den Russen Nicolaï Davydenko verläuft zwar siegreich, aber zäh. War es der Wind, der in böigen Stößen über den Platz fegte? Tatsache ist, dass am Dienstag, 17. August 2004, gegen Thomas Berdych ein zaghafter Roger Federer auf dem Spielfeld stand. Er leistete sich nicht weniger als sechzig Eigenfehler und zehn Doppelfehler. Sein Gegenüber freut sich natürlich. Der 18-jährige Tscheche, Weltnummer 74, hält bis zum Schluss durch. Nach dem Matchball erklärt der Schiedsrichter Thomas Berdych zum Sieger und Roger Federer, Weltnummer eins und großer Favorit, ist ausgeschieden!

Nach dem verlorenen Doppel an der Seite von Yves Allegro, der im Einzel ebenfalls verloren hat, sucht Roger Federer keine Entschuldigung: «Ich bin enttäuscht für Yves und für mich, da für uns die Olympischen Spiele beendet sind und die nächste Chance erst in vier Jahren kommt. Zudem sind es genau vier Jahre her, als ich an den Olympischen Spielen von Sydney Mirka kennen lernte. Ich hätte zu gerne die vier

▶
«Ich hoffe nicht, dass man sich zu schnell an solch aussergewöhnliche Situationen gewöhnt ...»

▶▶
Es ist geschafft: Sieg am US Open.

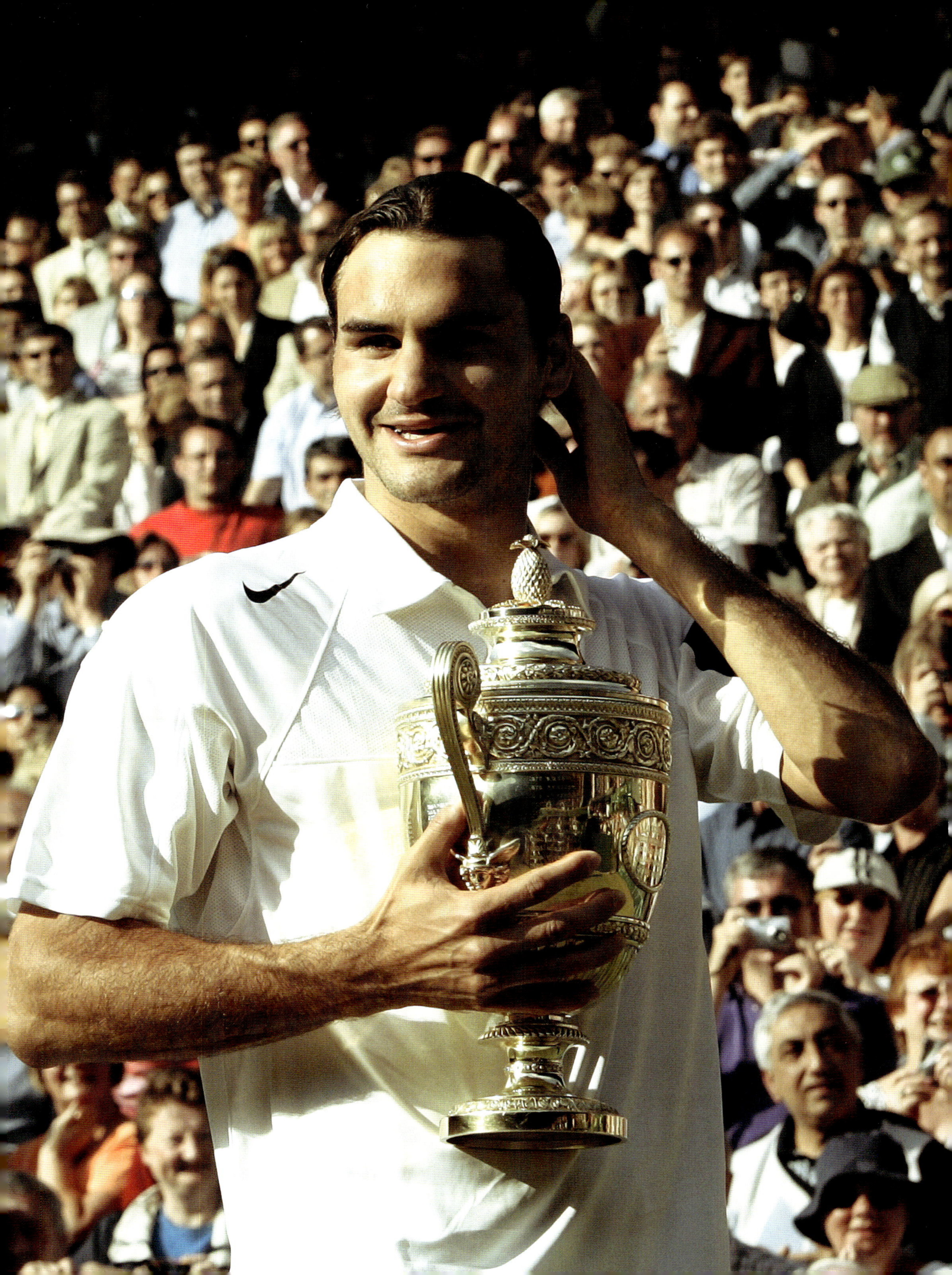

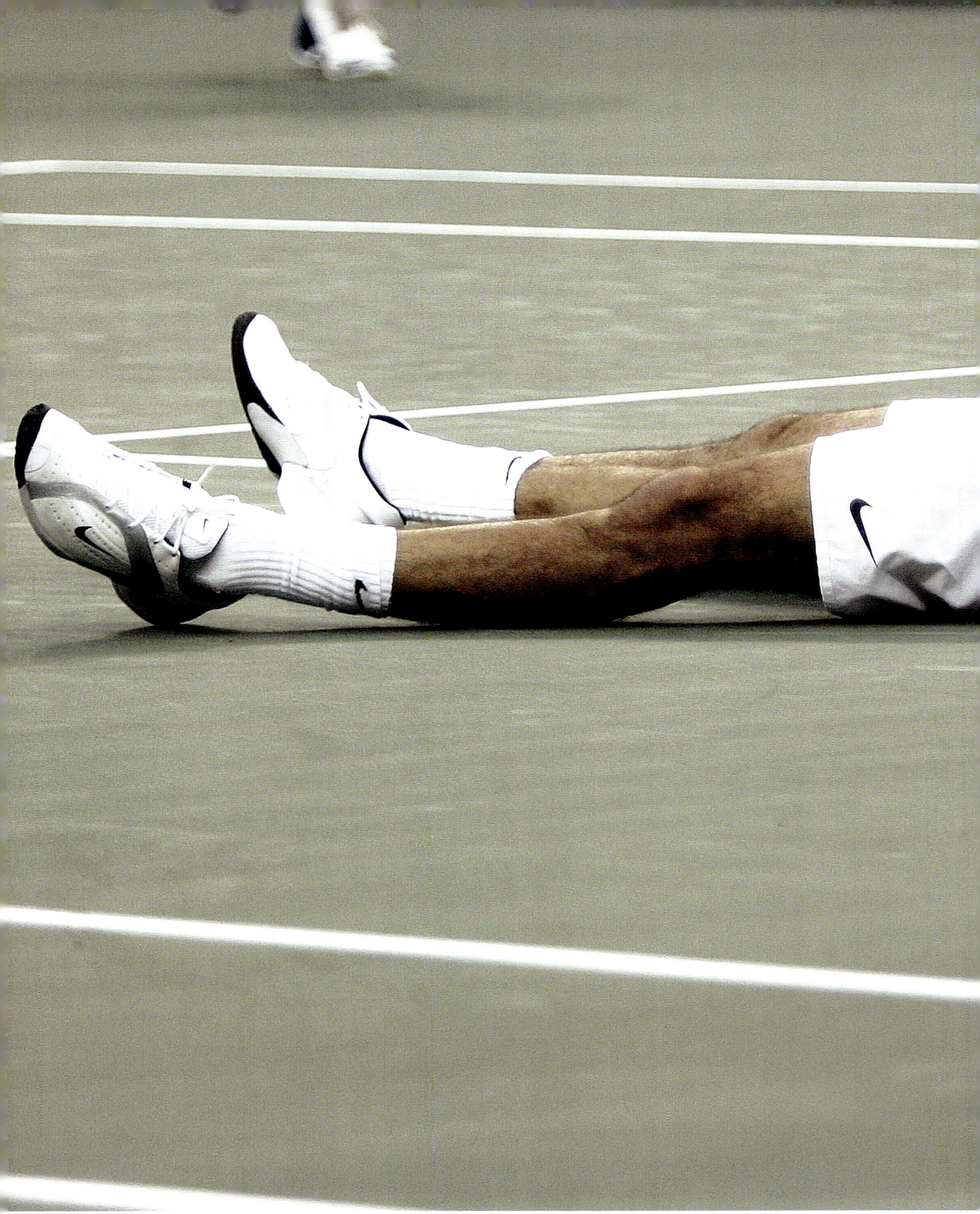

63

Jahre Zusammensein mit einer Goldmedaille gefeiert ... » Er wird seiner Mirka etwas anderes offerieren. Der Beweis, wenn das überhaupt noch nötig ist, dass er ein großer Champion ist. Zwei Wochen später präsentiert sich Roger Federer total erholt, bereit, am letzten Grand-Slam-Turnier des Jahres, am US Open, Grosses zu leisten. Er erklärt: «Ich bin hier, um das Turnier zu gewinnen!» Er verbucht einfache Siege gegen Albert Costa, Marcos Baghdatis und Fabrice Santoro. Andreï Pavel muss verletzt passen. Und schon taucht der gigantische Schatten von Andre Agassi auf: «Ich weiß nicht, ob ich hier mein letztes US Open spiele. Aber ich weiß, ich bin hier, um etwas ganz Grosses und Gutes zu realisieren.»

Die Begegnung zwischen den beiden Spitzenspielern war ein Höhepunkt. Unterbrochen von Windböen und Gewittern, dauerte sie zwei Tage und ging über die volle Distanz von fünf Sätzen. Der Verlierer, der gegenüber Roger Federer nie geizig mit Komplimenten ist, musste zugeben: «Ich habe diesen Match nicht verloren, Roger

▲
US Open – was für ein Erlebnis. Ein Kleinod mehr in seiner Krone.

▶
Den Ball fixieren, um ihn dann auch korrekt zu treffen.

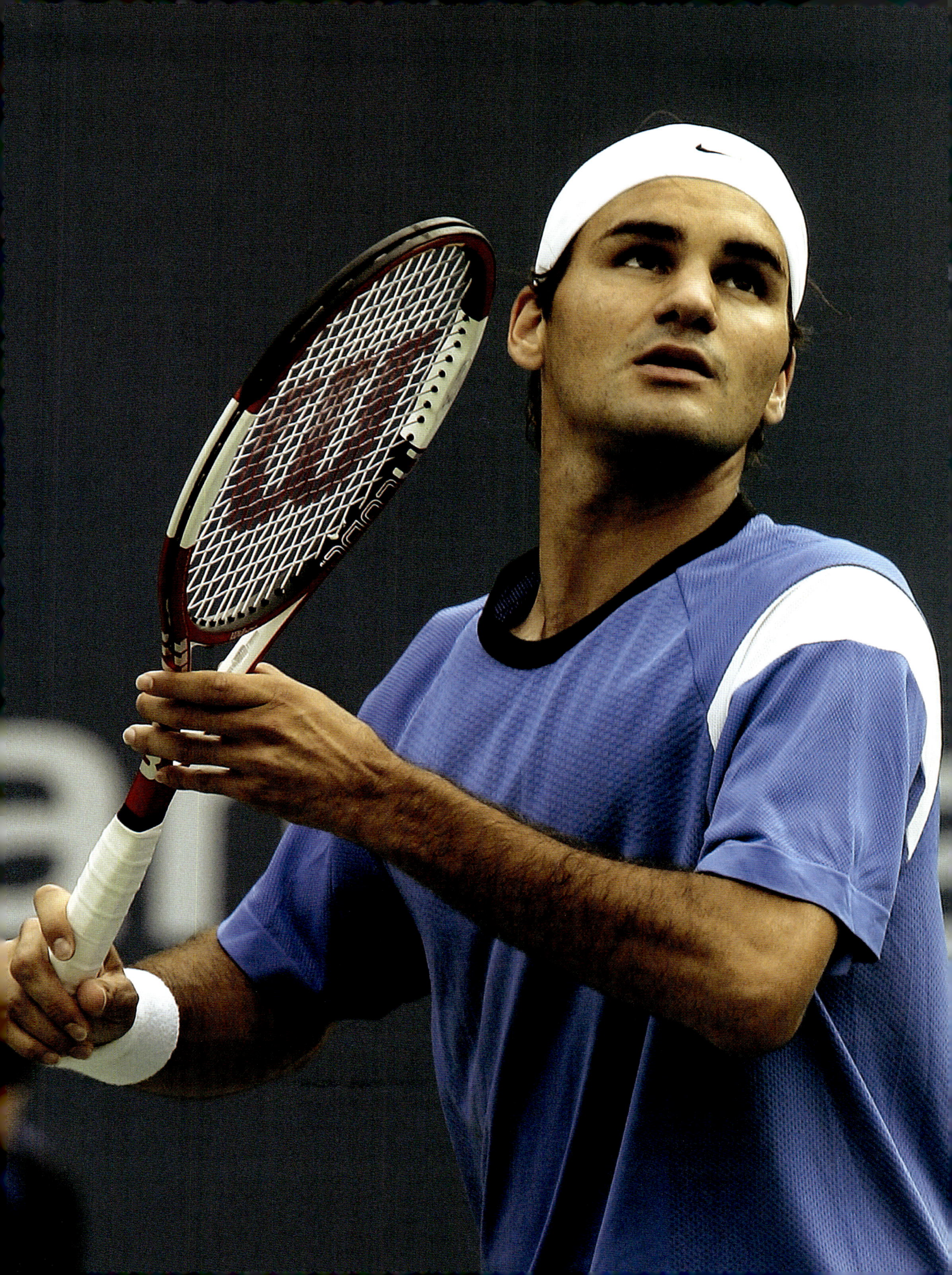

hat ihn gewonnen. Ich bin gut vorbereitet hierher gekommen, um zu gewinnen, und ich habe es versucht. Aber heute weiß ich auch, dass dies gegenüber Roger nicht genügt!»

Roger Federer ist zwei Spiele vom Turniersieg entfernt. Damit würde er das dritte große Turnier des Jahres gewinnen und zu Mats Wilander aufschließen, der 1988 ebenfalls drei Grand-Slam-Turniere gewann. Nichts wird ihn aufhalten. Weder Tim Henman, in drei Sätzen bezwungen, noch Lleyton Hewitt, ebenfalls in drei Sätzen geschlagen, davon ein unvergessliches Fahrrad (2 Sätze zu null gewonnen)!

Henman prägte den netten Satz, der gut ausdrückte, was er empfand: «Nehmt alles, was große Spieler je hatten, und sie kreieren Federer!»

Hewitt, deutlich angeschlagen, meinte: «Außerordentlich, ist das Wort, das zutrifft!»

«Es klingt vielleicht komisch», kommentierte Roger, «aber es ist nicht Überheblichkeit, es sind einfach die Erfahrungen und die Siege, die mich sicherer machen. Man gewinnt ein großes Turnier und danach ändert sich alles. Der Blick der Gegner ändert sich, man ändert sich selbst, die Sicht der Spiele und der Turniere ändert sich. Es ist nicht leicht zu erklären, es ist etwas, das sich im Innern abspielt, wie eine Stimme, die einen drängt, alles noch etwas besser zu machen.»

Besser machen – das wäre vielleicht, den Rest der Saison ohne Matchverlust abzuschließen. Das wird Roger Federer schaffen. In Bangkok reiht er vier Siege aneinander, bevor er im Finale Andy Roddick in zwei Sätzen, einen davon zu null, schlägt.

Außerordentlich!

Das Turnier von Madrid findet ohne ihn statt. Nach der offiziellen Version aus persönlichen Gründen und wegen physischer Müdigkeit. Tage später wird es in Basel bekannt: Roger hat Muskelprobleme im Oberschenkel. Er versucht im Sankt-Jakob-Stadion zu trainieren, aber der Schmerz ist zu stark. Er erklärt gerührt: «Ich träume davon, das Heimturnier von Basel einmal zu gewinnen! Ich habe alles getan, um mich hier in bester Form zu präsentieren, und jetzt diese Probleme – was für ein Pech. Ich habe keine andere Wahl, als abzusagen!» Roger Federer sagte auch das Turnier von Paris Bercy ab. Die letzte Vorbereitung auf den Masters Cup von Houston, dem letzten Höhepunkt der Saison.

Der Masters Cup der acht Weltbesten in Houston, Texas, steht an. Am Dienstag, 16. November 2004, beginnt das Hoffen der Teilnehmer, den nach dem Grand Slam begehrtesten Titel zu erreichen. Roger Federer ist Titelverteidiger. Gaston Gaudio, Lleyton Hewitt und Carlos Moya stehen machtlos einem Feuerwerk gegenüber. Das Halbfinale gibt Marat Safin und Roger Federer die Möglichkeit, einen alten Rekord zu egalisieren: Ein Tie-Break mit 38 ausgespielten Punkten bis zur Entscheidung und einer Spieldauer von 26 Minuten. «Wenn ich gewusst hätte, dass andere schon 38 Punkte brauchten (1973 Borg und zwanzig

▸ In Manhattan, wie überall auf der Welt, wird Roger als Star gefeiert. Hier mit dem Pokal der US Open.

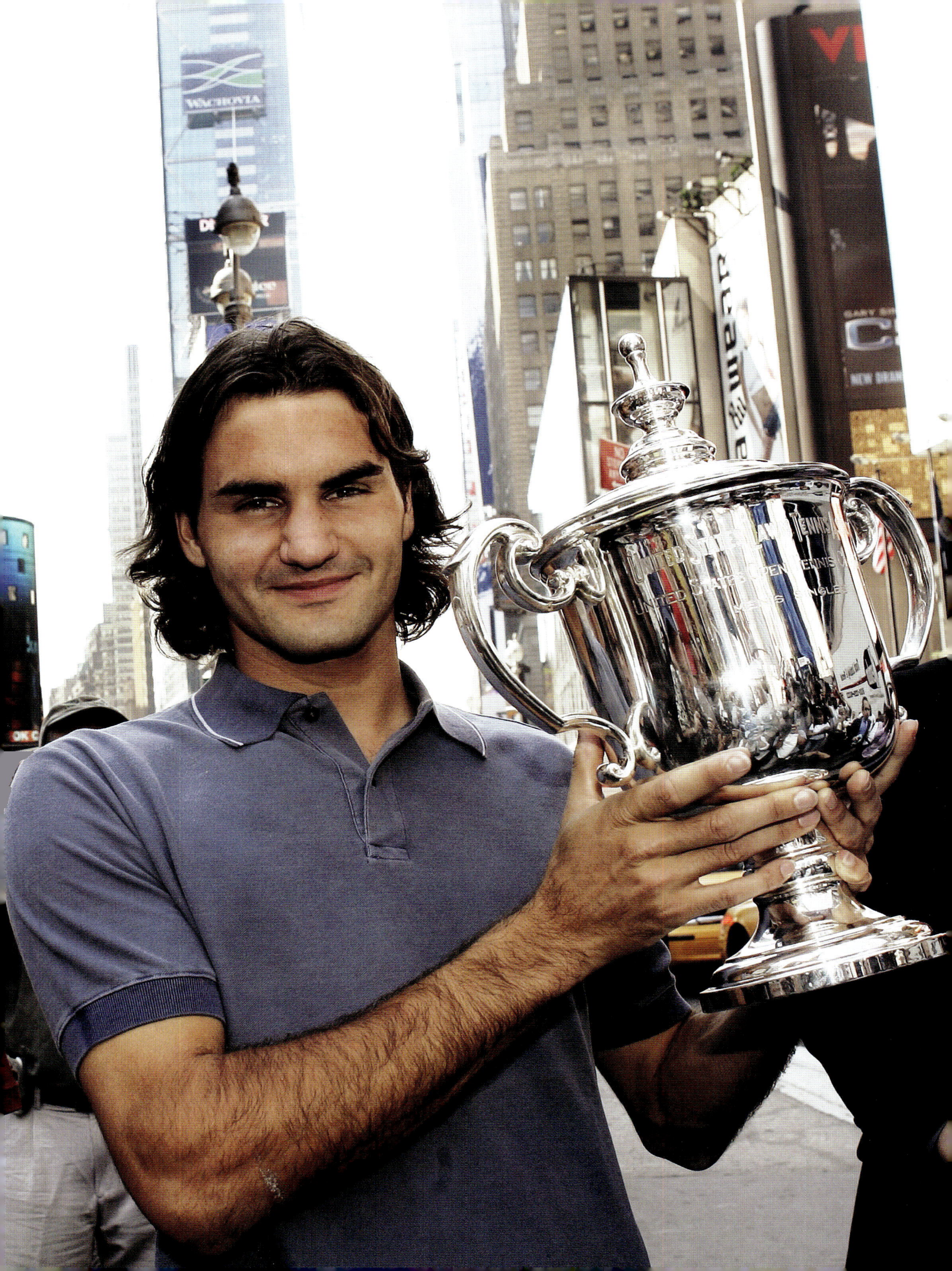
WACHOVIA

Jahre später Ivanisevic), hätte ich Marat gefragt, ob er bereit sei, zwei Punkte mehr zu spielen», scherzt Roger.

Sieger über Andy Roddick in der andern Gruppe ist Lleyton Hewitt und damit der Finalgegner. Auch er muss die Waffen strecken und Roger Federer den Sieg überlassen. Es war wie im Jahr zuvor, als für Roger die gute Serie begann. Damals hatte er unter anderen Andre Agassi, David Nalbandian und Juan Carlos Ferrero besiegt. Er begann die eigenen Qualitäten zu schätzen und die Werte der Gegner anzuerkennen. Er lieferte ein Meisterwerk ab und gewann das Finale in drei Sätzen. Das dreizehnte Finale und den elften Turniersieg des Jahres. Nur Thomas Muster hat es 1995 geschafft, zwölf Turniere zu gewinnen.

Auch als Champion vergisst Roger Federer nicht, den Leuten zu danken, die ihm den Aufstieg ermöglicht haben. Zum Beispiel seinen Eltern, die ihn stets optimal unterstützt haben. Pierre Paganini, seinem physischen Trainer und Aufbauer, mit dessen professioneller Betreuung er optimale Fitness erreicht hat. Pavel Kovac, seinem Physiotherapeuten, verlieh er symbolisch die Medaille des besten Betreuers (seines Körpers) der Welt.

Roger Federer ist sich absolut bewusst, dass er sein Wissen und Können und seine Erfolge auch seinem professionellen Umfeld zu verdanken hat. «Ohne diese Unterstützung wäre ich nie geworden, was ich heute bin», sagte er anerkennend.

▶ In Houston gewinnt Roger Federer sein elftes Turnier des Jahres 2004.

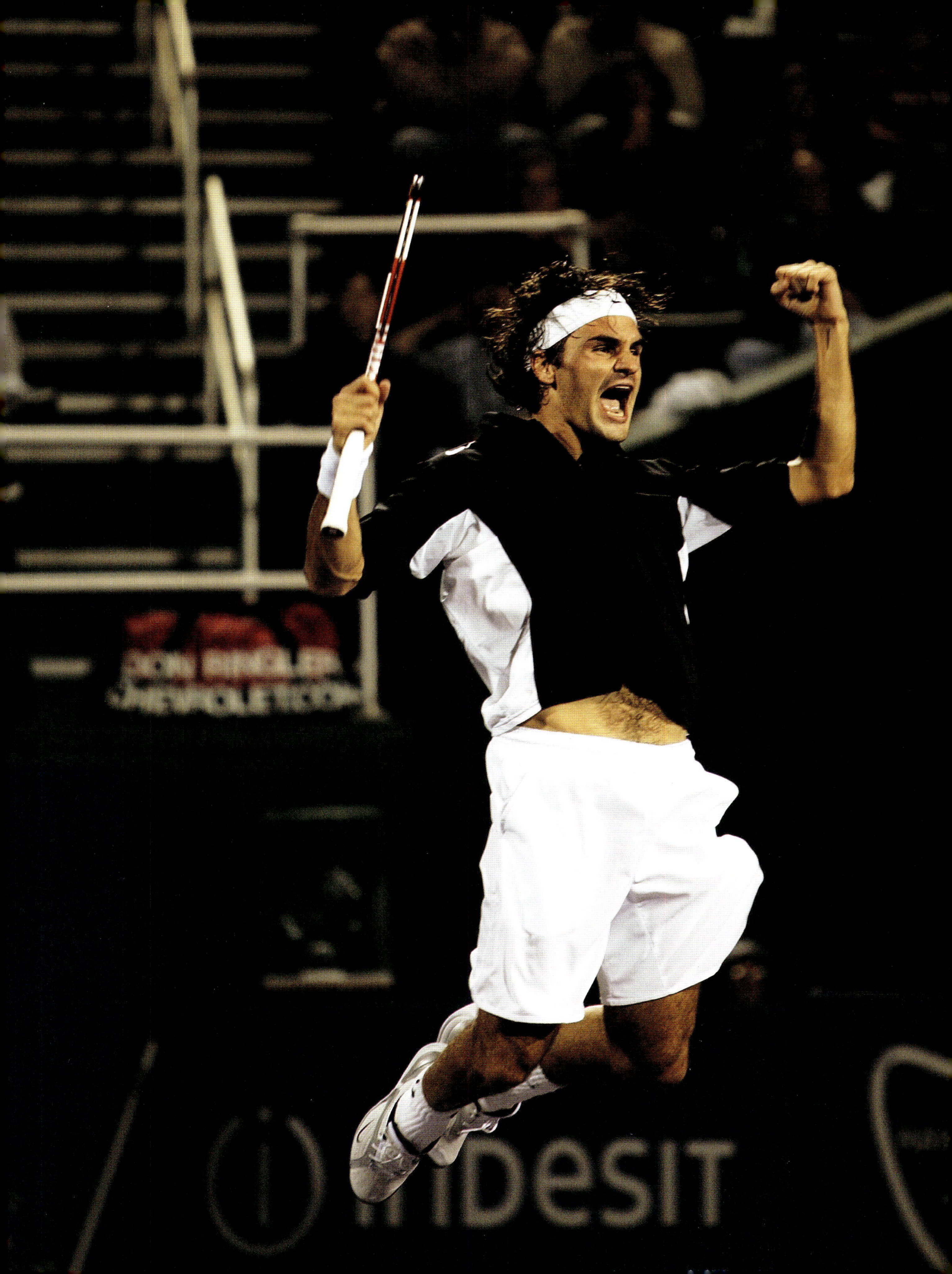
indesit

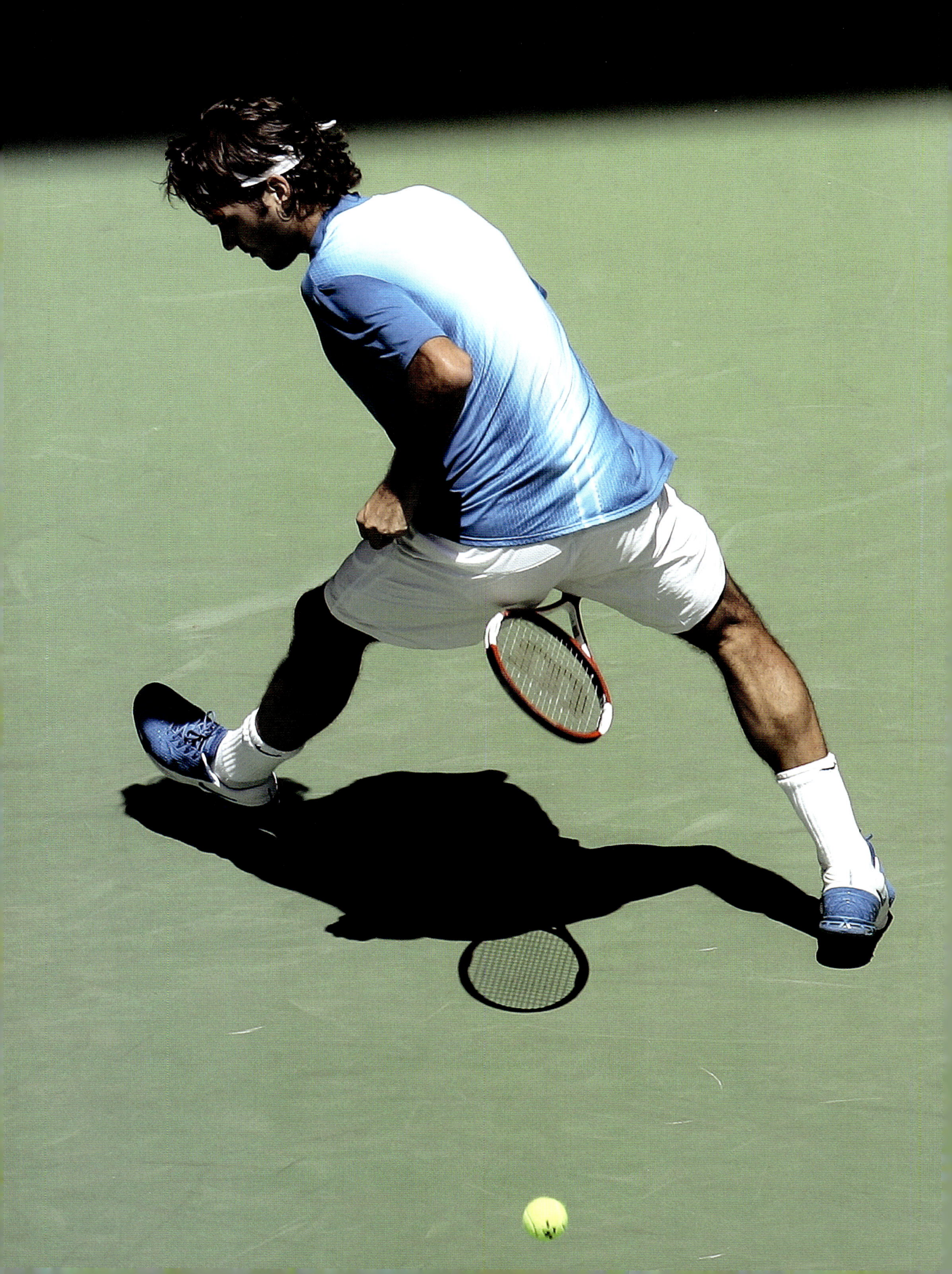

2005
Die Seiten der Geschichte

◄
Melbourne, im Januar 2005. Der Künstler in voller Aktion...

►►
Roger in der Rod-Laver-Arena zu Merlbourne. Hier schafft er den Schritt zur Weltnummer eins.

Melbo

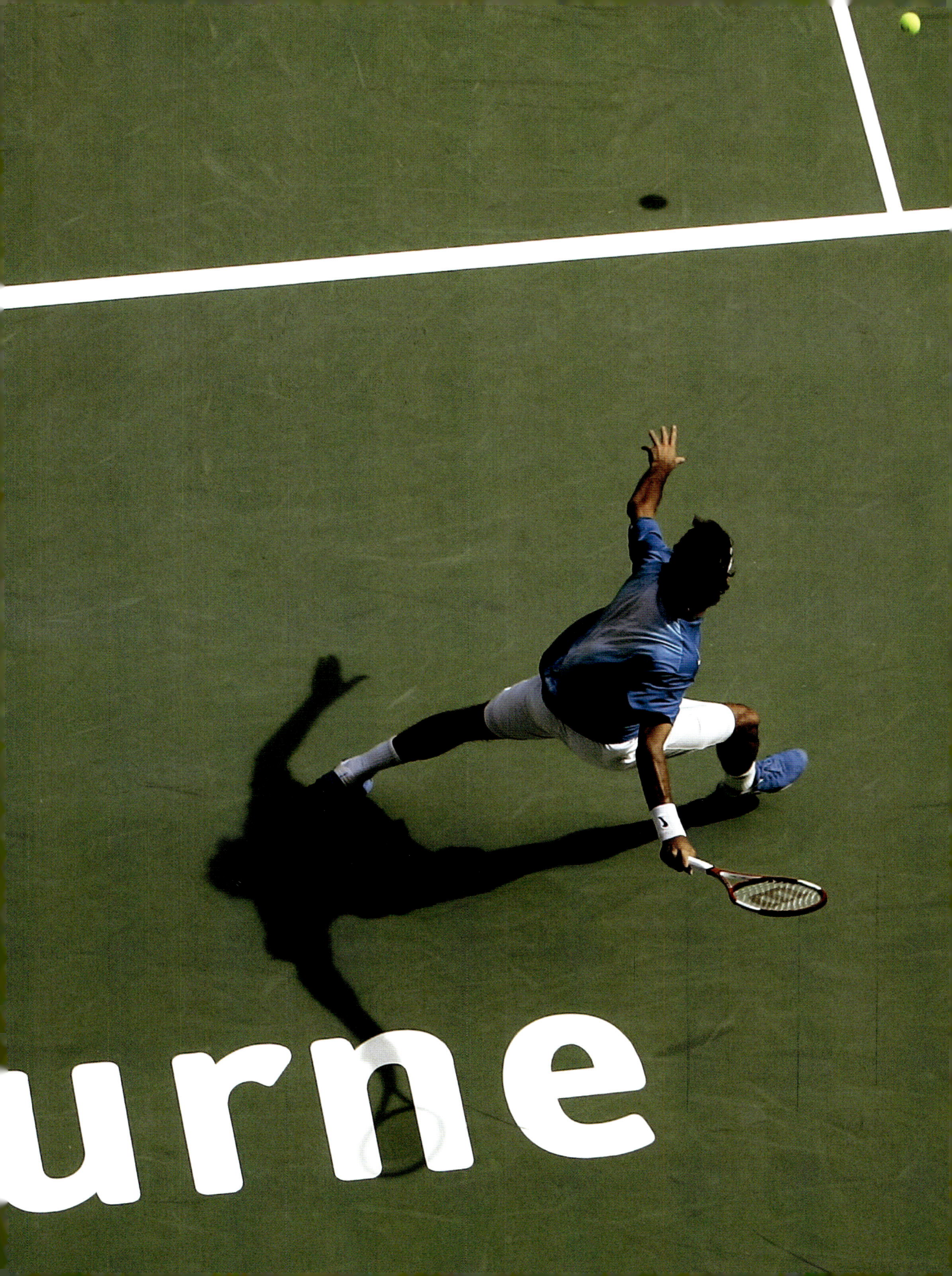
urne

Roger Federer beginnt das Jahr 2005 in Qatar. Er hat sich einige Tage auf den Malediven aufgehalten, mit einem Zwischenhalt in Colombo. Der Tsunami, der Südostasien heimgesucht hat, ließ ihn selbstverständlich nicht unberührt. «An einer solchen Tragödie kann man nicht achtlos vorübergehen. Ich versuche den gebeutelten Leuten wenigstens finanziell ein bisschen zu helfen. Ich habe mich über das Rote Kreuz engagiert.»

In Doha gibt Roger seine Zusammenarbeit mit Tony Roche, einem australischen Spitzenspieler der sechziger Jahre, bekannt. Roche war bereits erfolgreicher Coach von Ivan Lendl und von Patrick Rafter. «Wir werden dieses Jahr zehn Wochen zusammenarbeiten», präzisiert er. «In Sydney, wo wir bereits trainiert haben, hat die Chemie zwischen uns funktioniert und es ist gut zu wissen, dass ich mich im Bedarfsfall auf jemanden stützen kann.»

Am Sonntag, 9. Januar 2005, schlägt er im Finale des Turniers von Doha Ivan Ljubicic. Der vierzehnte Final in Folge. Er hat während dieser Periode kein Servicegame abgegeben. Er ergänzt: «Das ist für mich wirklich einmalig. Ich habe im Finale am Ende des zweiten Satzes daran gedacht. Beim Stand von 4-2 und 0-40 im ersten Satz habe ich vor allem darauf geachtet, mich vor jedem Service voll zu konzentrieren und mir genügend Zeit zu nehmen. Es ist wichtig, in einer solchen Situation nicht zu hasten!»

Um seine Form zu testen, nahm Roger Federer, wie letztes Jahr, am Exhibitionsturnier von Koyong, einem Vorort von Melbourne, teil. Eher zufällig gewann er gegen

▲
In Tony Roche hat Roger eine Ansprechperson für alle technischen Probleme.

Andy Roddick das Finale. Roger meint: «Mein Spiel ist ausgewogen, ich bin gut vorbereitet und bereit!»

In der Rod-Laver-Arena zu Melbourne, wo er vor genau fünfzig Wochen den möglichen Weltmeistertitel verschenkte, beginnt Roger Federer fehlerlos. Er wischt Fabrice Santoro in drei Sätzen vom Platz. Als der kleinwüchsige Franzose (übrigens ein hervorragender Doppelspieler) Roger die Hand zur Gratulation reichte, scherzte er: «Das nächste Mal kommen wir zu zweit.» Lächelnde Pause auf dem Weg zum Schiedsrichterstuhl.

Roger Federer spielt weiterhin erfolgreich. Nach drei weiteren Siegen trifft er im Viertelfinale auf Andre Agassi, den er in drei Sätzen bezwingt. Am Freitag stehen zwei Traum-Halbfinale auf dem Programm. Roger Federer, die Weltnummer eins und für die Australier der Favorit, spielt gegen Marat Safin, gecoacht von einem gewissen Peter Lundgren. Andy Roddick, der sich vorgenommen hat, der Erste zu sein, der die Überlegenheit der Weltnummer eins unterbricht, spielt gegen Lleyton Hewitt mit seinem famosen come on, gemäss seiner Devise: Ich spiele immer und überall, um zu gewinnen.

Am Vorabend der Begegnung mit Roger Federer sagte Marat Safin halb lächelnd, halb ernst: «Ich habe ihm den Trainer abgeluchst, weil ich eine Idee im Kopf hatte. Jetzt wisst ihr aber nicht, welche … Roger Federer ist ein starker Spieler – aber ich bin auch nicht zu unterschätzen.»

Ein Tennisplatz auf 211 Meter Höhe mit zwei Champions: Andre Agassi und Roger Federer.

Marat Safin gewinnt gegen Roger Federer. Aber erst, nachdem er im vierten Satz mit einem verzweifelten Lob einen Matchball abgewehrt hat, im fünften Satz mit 7-9. Dies nach 4 Stunden und 28 Minuten.

«Obschon es eine Begegnung von seltener Qualität war, intensiv und mit exzellenten Ballwechseln, habe ich verloren. Heute bin ich es, der den Platz geschlagen verlassen hat, und es ist mir nicht möglich, mich zufrieden zu zeigen. Ich gehe auf den Platz, um zu gewinnen und um alles zu tun um zu gewinnen.» Nach einer schmunzelnden Pause: «Ich würde gerne immer gewinnen. Gewinnen, bis ich in Rente gehe.»

Ernsthafter gibt Roger zu, mit Beschwerden am linken Fuß angetreten zu sein: «Mein Fuß ist angeschwollen und in der Beweglichkeit eingeschränkt, konnte ich nicht spielen wie ich wollte. Vor allem der Vorhand-Longline-Ball bereitete mir Mühe. Zu Beginn des fünften Satzes musste ich den Physiotherapeuten bemühen. Ich fühlte einen Schmerz in der rechten Hand als wäre ein Nerv blockiert. Das war nun wirklich echt behindernd.»

Vorsichtig und vorausschauend hat sich Roger Prophezeiungen stets zurückgehalten. Er hat die Prioritäten anders gesetzt: Seinen Rang als Weltnummer eins verteidigen und zum dritten aufeinanderfolgenden Mal Wimbledon gewinnen. Und Roland-Garros? «Das nehme ich mir nicht unbedingt vor, denn ich möchte mich nicht unnötigem Druck aussetzen», war Rogers Antwort.

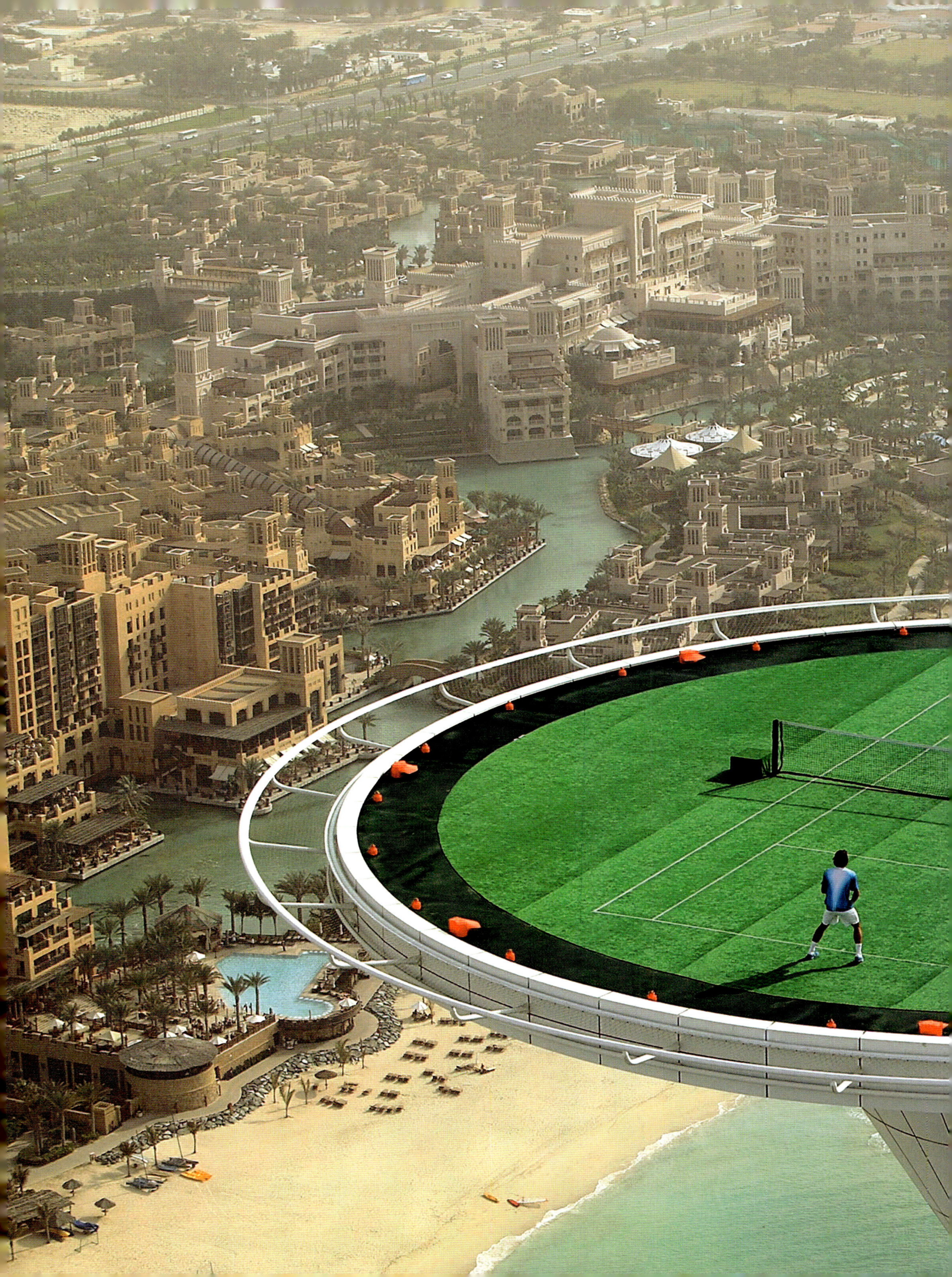

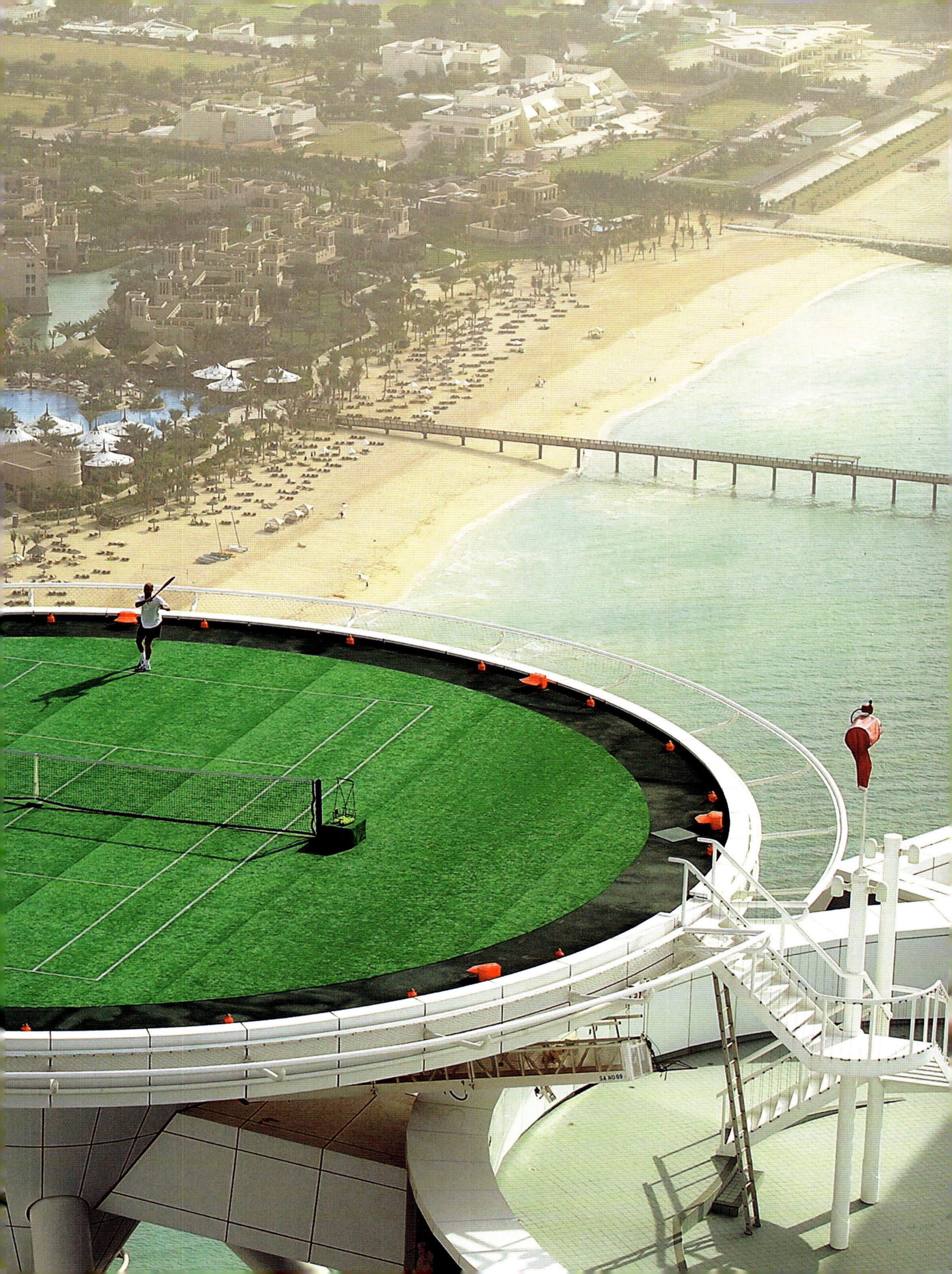

Roger Federer steigt zwei Wochen später in Rotterdam wieder in die Hosen. Er holt den vierundzwanzigsten Titel seiner Karriere, indem er Ivan Ljubicic im Finale schlägt. Auf dem Weg dahin besiegt er Stanislas Wawrinka, der seinerseits in der Runde davor nach einer großen Leistung Sébastien Grosjean geschlagen hat. «Nach meinem Sieg über Sébastien hat mir Roger eine SMS gesandt und mir gratuliert», erinnert sich der junge Waadtländer gerne. «Er sagte mir, dass er sich freue, gegen mich zu spielen, und nach dem Match hängte er sympathische aufmunternde Worte an!»

Roger Federer hat sich zur Vorbereitung und zur Formsteigerung einen Monat Urlaub gegönnt und tritt nun die Reise nach Dubai an. Andre Agassi ist auch hier und der Aufenthalt in den Arabischen Emiraten benutzen beide für einen Match auf dem höchsten Spielfeld der Welt, dem Helikopterlandeplatz des Hotels Burj al Arab, 211 Meter über dem Boden.

Auf dem richtigen Spielfeld, wird es viel schwieriger sein, die Woche erfolgreich zu bewältigen. In der ersten Runde wehrt sich Ivo Minar und gibt sich erst nach drei Sätzen geschlagen. In der zweiten Runde vergibt Juan Carlos Ferrero zwei Matchbälle gegen die Weltnummer eins. Roger Federer hat den Verlust der Partie bereits im Nacken gespürt. Das ist für ihn Grund genug, das Niveau seines Spieles zu erhöhen: Zwei Sätze gegen Mikhail Youzhny, zwei Sätze gegen Andre Agassi und er hat das Finale erreicht, wo ihn einmal mehr Ivan Ljubicic erwartet. Er hat ihn im Final von Doha und Rotterdam besiegt und wird ihn ein drittes Mal im Final in drei Sätzen schlagen.

In Indian Wells verteidigt er den Titel gegen Hewitt und in Miami benötigt er einen fünften Satz gegen Rafael Nadal. Die Ergebnisse in Kalifornien, auf der Halbinsel von Key Biscayne und in Florida, sind eindeutig: Zwölf Spiele, zwölf Siege gegen Spitzenspieler wie: Ivan Ljubicic (immer er), Nicolas Kiefer, Guillermo Canas und Lleyton Hewitt in Indian Wells. Und in Miami: Mario Ancic, Tim Henman, Andre Agassi und Rafael Nadal. Alles klingende Namen. Gegen Nadal lag er zwei Sätze im Rückstand und im Tie-Break des dritten Satzes zwei Punkte vor dem Matchverlust. Dass er die Kraft fand, das Spiel gegen den jungen Spanier noch zu wenden, lässt auf psychische und physische Stärke schließen. In Miami (seinem sechsten Turnier) gewinnt Roger Federer den siebenundzwanzigsten Titel seiner Karriere, den fünften des Jahres.

In der amerikanischen Presse zögert man nicht, die Resultate der Weltnummer eins herunterzuspielen. Die Aussage von Andre Agassi hat Aufsehen erregt, als er sagte: «Die Frage ist eigentlich nur, ob das Publikum genug hat von den Siegen Roger Federers oder ob Roger genug hat, immer zu gewinnen.»

Roger Federer hat eine Antwort bereit: «Ich habe immer davon geträumt, die Weltnummer eins zu sein. Heute schätze ich es sehr, der Beste zu sein. Ich habe seit Jahresbeginn von zweiundzwanzig Spielen

Auch in Melbourne umlagern ihn die Fans – ob er gewonnen oder verloren hat.

einundzwanzig gewonnen. In Melbourne habe ich trotz Verletzung einen Matchball abgewehrt. Ich glaube, dass ich einen guten Start in die Saison habe und zufrieden sein kann.»

Die nackten Zahlen, die allerdings nicht immer die ganze Wahrheit enthalten, aber beweisen, dass Roger Federer am Australian Open zwar gestolpert ist, aber Dutzende Spieler davon träumen, eines Tages einmal ein Halbfinale eines Grand-Slam-Turniers zu erreichen! Er hatte kleinere Probleme zu meistern, aber was er diesen Frühling auf dem nordamerikanischen Kontinent realisiert hat, lässt ihn wirklich als Champion wirken.

Ivan Ljubicic und Lleyton Hewitt brachten es (im Spaß) auf den Punkt: «Ich werde ab sofort mein Turnierprogramm umstellen und mit Roger abgleichen. Es ist einfach, ich werde an Turnieren, wo er angemeldet ist, künftig nicht mehr teilnehmen», deklarierte der Kroate. Der Australier aber stellte fest: «Wenn du Weltnummer eins werden willst, musst du erkennen, wie hoch die Latte gesetzt ist. Roger Federer hat sie, damit sind alle gleicher Meinung, sehr hoch gesetzt!»

Solche Komplimente hätten viele Spieler abheben lassen. Es steht die schwere Aufgabe von Monte Carlo an. Auf den Sandplätzen, wo es rote Socken gibt und motivierte Sandplatzspezialisten auf die Weltnummer eins warten, um ihm zu zeigen, wer auf Sand das Sagen hat. Roger Federer schlägt zwei von ihnen, den Spanier Albert

Montanes und den Chilenen Fernando Gonzales. Im Viertelfinale aber scheitert er an Richard Gasquet, der großen Hoffnung der Franzosen. Gasquet ist die Weltnummer 101, Roger Federer hatte nicht weniger als drei Matchbälle auf seinem Racket, aber er lehnt es ab, ein Drama aus der Niederlage zu machen. Die zweite des Jahres, die er aber als logisch bezeichnet.

Zwei Wochen später, mit Stanislas Wawrinka in Basel an seiner Form arbeitend, bekennt Roger Federer: «Obschon ich auf den Sandplätzen des TC Old Boys Basel ‹geboren› wurde, fühle ich mich auf Sand am wenigsten wohl. Was zu tun bleibt, ist, an der Umstellung von schnellen Hartbelägen auf Sandplätze zu arbeiten. Es stellt sich die Frage, ob ich es eines Tages schaffen werde, Roland-Garros zu gewinnen. Ich bin vierundzwanzig und habe noch einige Roland-Garros vor mir. Ich werde sehr früh nach Paris reisen. Ich werde trainieren, mich gut vorbereiten und total einsetzen.» Mit der Etikette des Favoriten reist Roger Federer nach Paris. Er hat sich in Hamburg auf das French Open auf beste Weise vorbereitet, indem er das Turnier am Rotenbaum gewann. Kaum in Paris angekommen, wird er nach einer Prognose gefragt. Er nennt seine Favoriten, unter anderen: «Rafael Nadal, der eine eindrucksvolle Serie von Turniersiegen in Monte Carlo und Rom nachweist und seit siebzehn Spielen auf Sand ungeschlagen blieb.»

Bei dieser Gelegenheit lüftet er das kleine Geheimnis, warum er mit Tony Roche arbeitet: «Ich habe zum Jahresbeginn zwei Wochen mit ihm in Sydney gearbeitet und jetzt ist er mit mir in Paris. Er zeigt mit dem Finger auf die kleinen Details, die sehr wichtig sein können. Es sind nicht unbedingt die präzisen Anweisungen, aber ich habe das Gefühl, dass mein Spiel besser, kompletter geworden ist. Ich verfüge über noch mehr Varianten in meinen Schlägen und stelle fest, dass ich lernfähig bin!»

Er fährt fort: «Ich liebe die anspruchsvolle Auseinandersetzung auf Sandbelägen, trotz den Rutschern und den endlosen Ballwechseln. Aber gut … Roland-Garros ist eine Herausforderung. Umsomehr, dass keiner der Spieler, die ich lange Zeit bewunderte, diesen Titel je zu erobern vermochten: Stefan Edberg, Boris Becker und Pete Sampras.»

Zum Turnierbeginn spielt Roger Federer nicht gegen bekannte Nummern des Welttennis. Er gewinnt zuerst gegen den Israeli Dudi Sela, dann gegen den Spanier Nicolas Almagro. Roger Federer ist in Form und das verleiht ihm Flügel. Drei Sätze gegen Fernando Gonzales, drei gegen Carlos Moya und wieder drei gegen den Rumänen Victor Hanescu, und dann, wie er es sich vorgestellt hat, wartet Rafael Nadal. Auch er hat bis dahin fehlerlos gespielt. Wie prophezeit, kann Roger Federer nur noch bestätigen: «Was Nadal bis jetzt geleistet hat, ist ohne Makel und man kann ihn als Turnierfavoriten sehen!» Ohne Zweifel freut sich Roger Federer, diesem jungen Spieler gegenüberzustehen. Ihn auf Sand herauszufordern, an

▲ Schattenspiele in Indian Wells.

einem großen Turnier, das gefällt Roger sehr. Es handelt sich hier um eine gewisse Art Match im Match und Roger Federer liebt solche Herausforderungen.

Diese Spitzenbegegnung hat Roger hundertmal im Kopf durchgespielt. Er hat eingesehen, dass der Match schlecht angefangen hat und es entscheidend war, den vierten Satz verschlafen zu haben. Im Gegensatz zu seinem Gegner wäre er zu einem Effort bereit gewesen. Er gibt zu und verfehlt nicht, zu betonen, dass er über diese Niederlage, im zweiten Grand-Slam-Halbfinale des Jahres, verärgert ist.

Auf Rasen Tennis spielen? Der argentinische Gaucho Guillermo Vilas, Sieger von Roland-Garros 1977, sagte einmal dazu: «Bei uns wird Rasen für die Kühe gemacht!» Auf dem kurz geschnittenen Rasen, auf dem intelligentes Tennis optimale Wirkung zeigt, fühlt sich Roger wohl.

In Halle (auf Rasen) übersteht er den Eröffnungsmatch gegen den Schweden Söderling erst nach zwei Tie-Breaks. Danach gewinnt er drei Spiele glatt und nimmt schließlich im Finale Revanche an Marat Safin, den er in drei Sätzen bezwingt. Roger gewinnt das Turnier zum dritten Mal hintereinander und ist für Wimbledon gerüstet, wo er als Titelverteidiger mit offenen Armen erwartet wird.

Seine zwei ersten Begegnungen, gegen Paul-Henri Mathieu und Ivo Minar, dienen ihm als Einspielrunden. Einzig Nicolas Kiefer gewinnt gegen Roger einen Satz im Tie-Break. Es war der einzige Satzverlust im ganzen Turnier. Die Fortsetzung glich einer one man show. Juan Carlos Ferrero und danach Fernando Gonzales verlieren klar. Roger Federer befindet sich für das Halbfinale in blendender Form. Er hat seine Klasse wiedergefunden, er fliegt beinahe über den Rasen. Es ist der Wimbledon-Federer, überlegen, groß, stark.

Lleyton Hewitt ist im Halbfinale Roger Federers Gegner, und bereits steht auch fest, dass Andy Roddick der Finalgegner wäre. Hewitt hat keine Chance und bekommt eine kleine Lektion auf Rasen.

In Wimbledon ist Roger Federer für alle der Teufel. Man sucht übrigens nach einem geeigneten Ausdruck, weil hier auf dem geweihten Rasen niemand von einem Außerirdischen zu sprechen wagt. Und doch …

Der Nächste, der sich meldet, heißt Andy Roddick. Laut seinen eigenen Aussagen hat Roger Federer noch nie so gut gespielt wie an diesem Sonntag, 3. Juli 2005. «Ich habe geträumt», sagt Roger, «die Wette zu gewinnen, die darin bestand, drei Mal nacheinander das bedeutendste Turnier der Welt zu gewinnen. Ich habe es geschafft und ohne Zweifel noch nie ein solches Niveau erreicht. Ich bin stolz auf das Erreichte.» Und noch ein Wort von Andy Roddick : «Eigentlich sollte ich dich hassen, aber du bist mir zu sympathisch!» Sympathisch ausgedrückt.

Dank diesem Erfolg – dem dreißigsten Turniersieg der Karriere und dem achten und schönsten in diesem Jahr – hisst sich Roger Federer auf die Höhe von Björn Borg und Pete Sampras, die ebenfalls drei Siege nacheinander auf dem Rasen von All England erreichten. Steht er mit ihnen auch sonst auf gleicher Höhe: «Ich bin vor der Türe oder, sagen wir, ich habe einen Fuß schon drinnen …»

Am nächsten Tag titulierte die englische Presse einstimmig den Turniersieg als Meisterwerk und Roger Federer gestand, endlos Schwierigkeiten zu haben, um den Schlaf zu finden. Er hat den Abend der Tradition gewidmet, dem Champions-Dinner. «Mirka und ich sind spät nach Hause gekommen», sagt er. «Ich habe kaum zwei Stunden geschlafen. Alle Bilder des Finales sind mir tausend Mal durch den Kopf gegangen. Der Matchball, der Moment, als ich auf den Rasen fiel, das Handgelenk von Andy … Bilder, die man nicht so schnell aus dem Gecächtnis streichen kann …»

Am TV-Mikrofon von BBC hat John McEnroe von Intuition gesprochen. Roger Federer übersetzt: «Ich verstehe, was er damit sagen will. Wenn man sich so gut fühlt, dass alles selbstverständlich und einfach wird. Das Ass im richtigen Moment und wenn man es dringend nötig hat; ein Passierball der Linie entlang, wenn der Gegner aggressiv angreift! Oft weiß man selbst nicht, warum dieser Schlag gelang!

▶ In Paris, wie auch überall sonst, verteilt Roger Federer gerne kleine Geschenke. Aber erst nach dem Spiel.

▶▶ «Ich bin auf Sandplätzen gross geworden und weiss, dass ich auch auf dieser Unterlage gut spielen kann.»

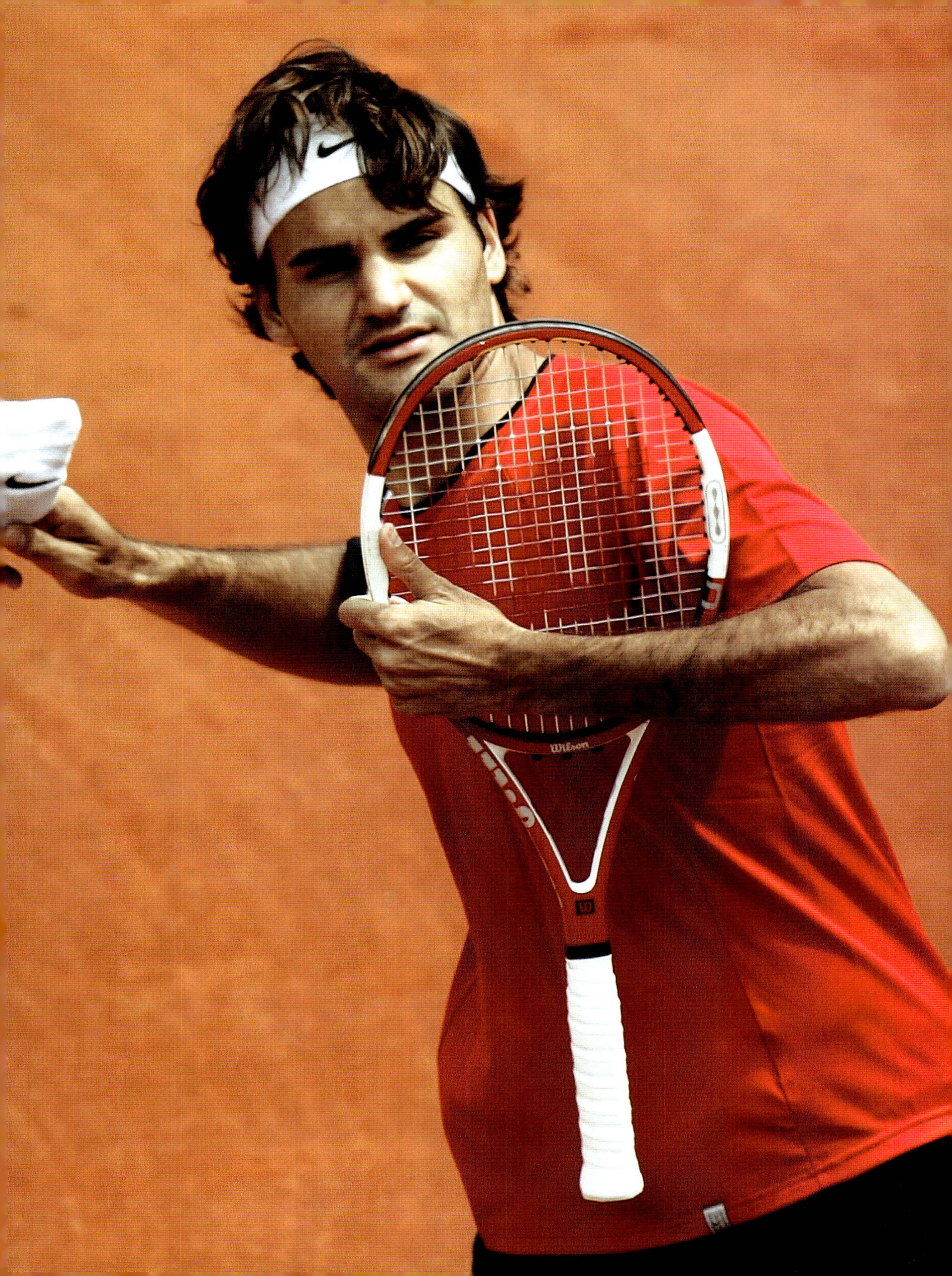
Wilson

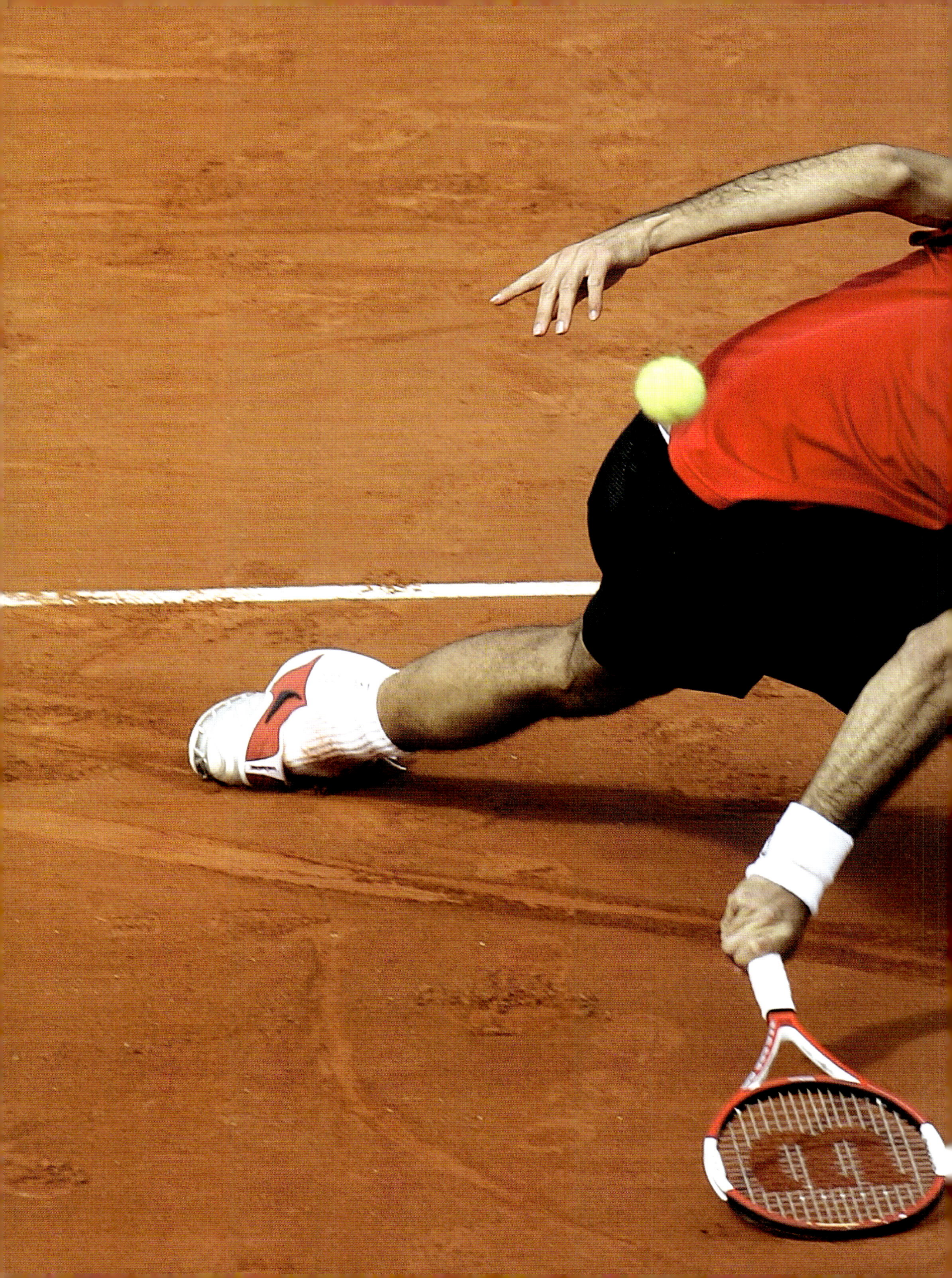

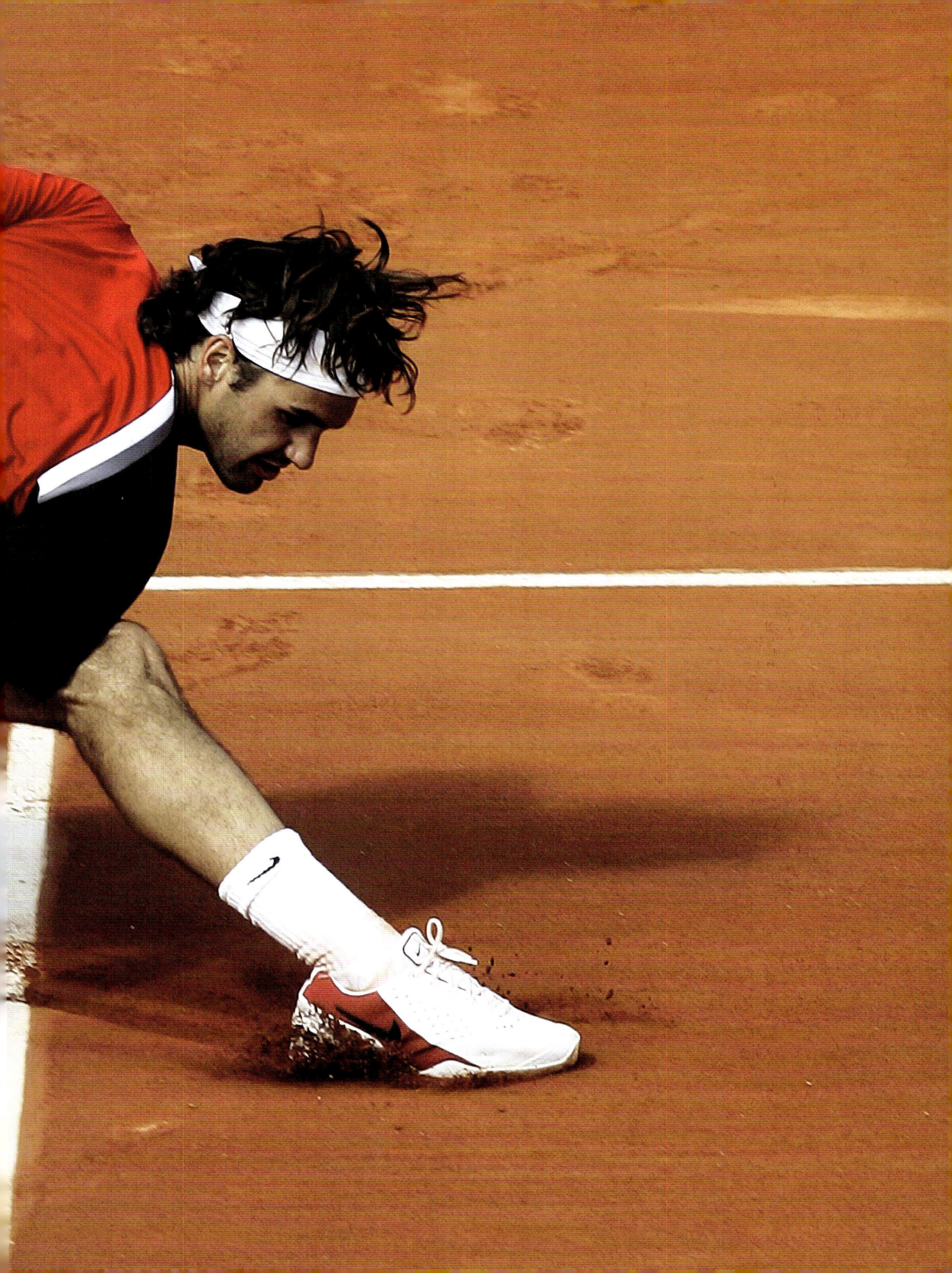

Gegen Rafael Nadal wäre ein fünfter Satz vonnöten gewesen ...

Er ist gelungen, das ist alles. Man kann getrost die Faust ballen und denken: Hei! Das ist nicht schlecht, was du soeben gemacht hast...»

Roger Federer vergisst nicht zu erwähnen, dass zum ersten Mal Vater Robert an einem Grand-Slam-Finale dabei war. «Seine Anwesenheit hat mich sehr berührt. Ich vergesse nie, dass er mir mein erstes Racket in die Hände gab. Das ist genau zwanzig Jahre her ...» Jetzt steht für Roger Federer eine triumphale Rückkehr in seine Heimatstadt bevor. «Ich habe immer davon geträumt, nach einem großen Sieg viele Leute begrüßen zu dürfen», gibt er sichtlich gerührt zu. «Schließlich hat hier in Basel alles begonnen ...»

Um die nötige Erholungszeit zu haben, hat Roger Federer schon zu Beginn der Sai-

▲

Ein äusserst konzentrierter Roger Federer in Wimbledon.

son beschlossen, das Turnier im Berner Oberland (direkt nach Wimbledon) auszulassen und es Stanislas Wawrinka zu überlassen, den Titel der «Allianz Suisse Open» von Gstaad zu gewinnen. Bekannt ist, dass der junge Waadtländer, den Roger Federer schätzt, nicht weit davon entfernt war, seinem Idol zu folgen und den ersten Turniersieg im eigenen Land zu feiern.

Seine Rückkehr ins Turniergeschehen ist für die zweite Woche August programmiert, für das Turnier von Montreal. Auch dort ist er der meistgenannte Favorit mit den besten Aussichten auf den Sieg. An diesem wunderschönen Ort soll auch sein vierundzwanzigster Geburtstag gefeiert werden. Aber Roger geht nicht nach Montreal. Am 23. Juli gibt er über die Presse bekannt, dass er erneut Probleme mit den Füssen hat und eine Pause notwendig ist. «Aber versprochen, ich werde nächste Woche wieder auf den Füssen sein – in Cincinnati.»

Roger Federer ist wieder auf den Beinen und in Cincinnati am Start. Die Ergebnisse sind eindrücklich: Sechs Spiele und ebenso viele Siege. Zwölf gewonnene Sätze, die zwei letzten im Finale gegen Andy Roddick. Roger Federer ist nicht nur der einzige Spieler der fünf Siege an Grand-

Slam-Turnieren errungen hat, er ist jetzt auch der erste Spieler, der an vier Prüfungen der Serie im gleichen Jahr siegreich war. Er gewann hier den einunddreißigsten Titel seiner Karriere, den neunten in diesem Jahr und er hat auch sein zweiundzwanzigstes Finale für sich entschieden. Es ist unschwer zu ermessen, wie wichtig eine intelligente Saisonplanung ist. Manchmal können sich auch Verletzungen und Behinderungen positiv auswirken. Für Roger Federer ist klar, dass sich eine erfolgreiche Karriere nicht nur an der Anzahl der gewonnenen Turniere und aufgestellten Rekorde misst, so imposant sie auch sein mögen, sondern besonders an der Anzahl Siege an Grand-Slam-Turnieren. Vielleicht noch in der Anzahl Wochen als Weltnummer eins.

Er tritt am US Open mit zwei Zielen an. Das erste Ziel ist sicher der Gewinn des sechsten Grand-Slam-Titels. Roger hat erklärt, dass ein Sieg in Wimbledon und zwei Halbfinale, in Australien und Paris am Roland-Garros etwas ist, was er als ein erfolgreiches Jahr bezeichnen würde.

In Amerika muss ein Spieler überzeugen, vielleicht sogar etwas bluffen, um als Champion anerkannt zu sein, auch wenn er

▲ Die Augen auf den Ball gerichtet – damit er nicht zum «Feind» wird.

▶ Auf Rasen fühlt er sich wohl und sein Spiel ist auf dieser Unterlage einmalig.

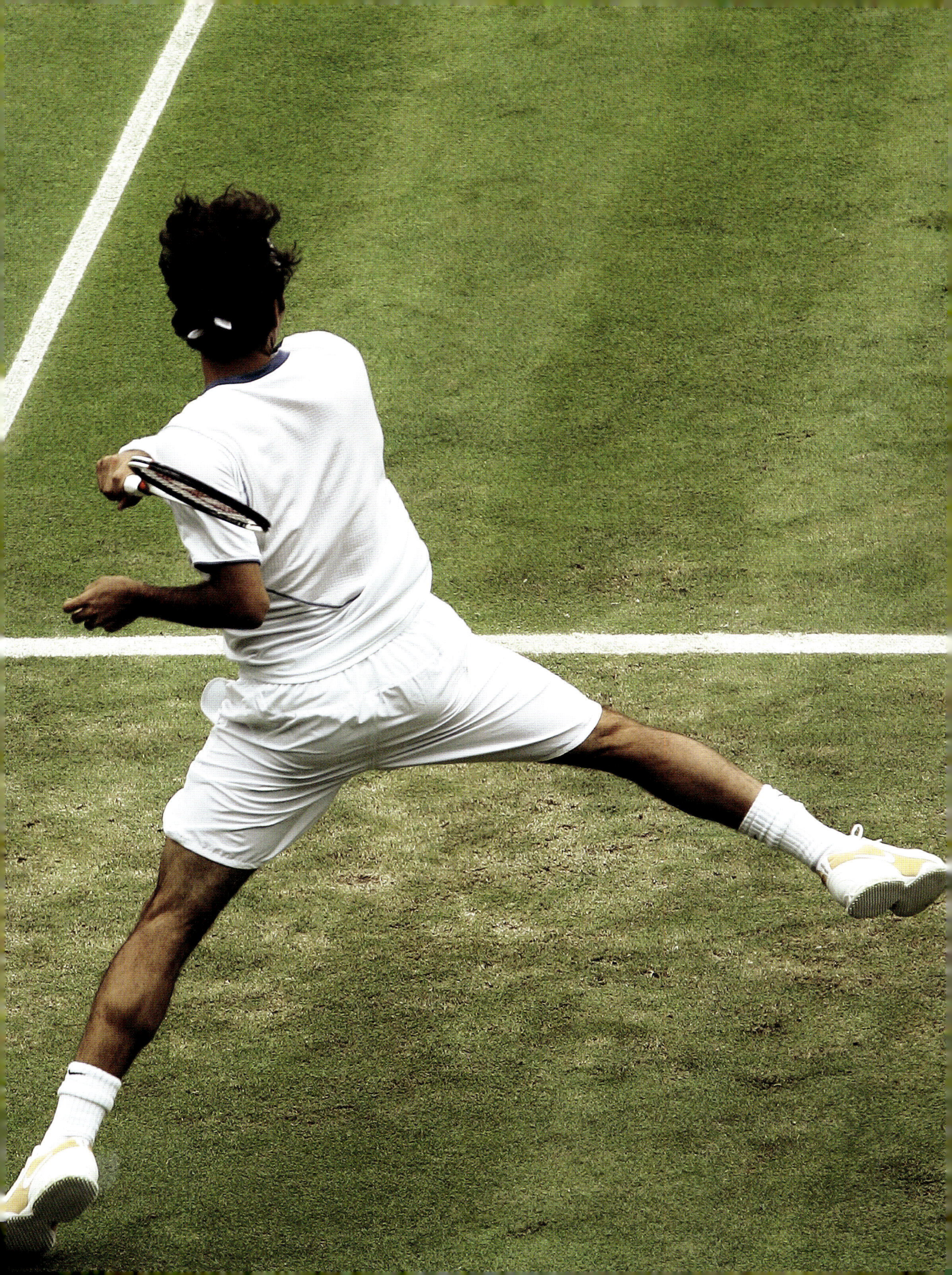

◄ Im richtigen Moment schlagen ...

▶ ... begleitet von einem befreienden Schrei – Merkmal des Champions.

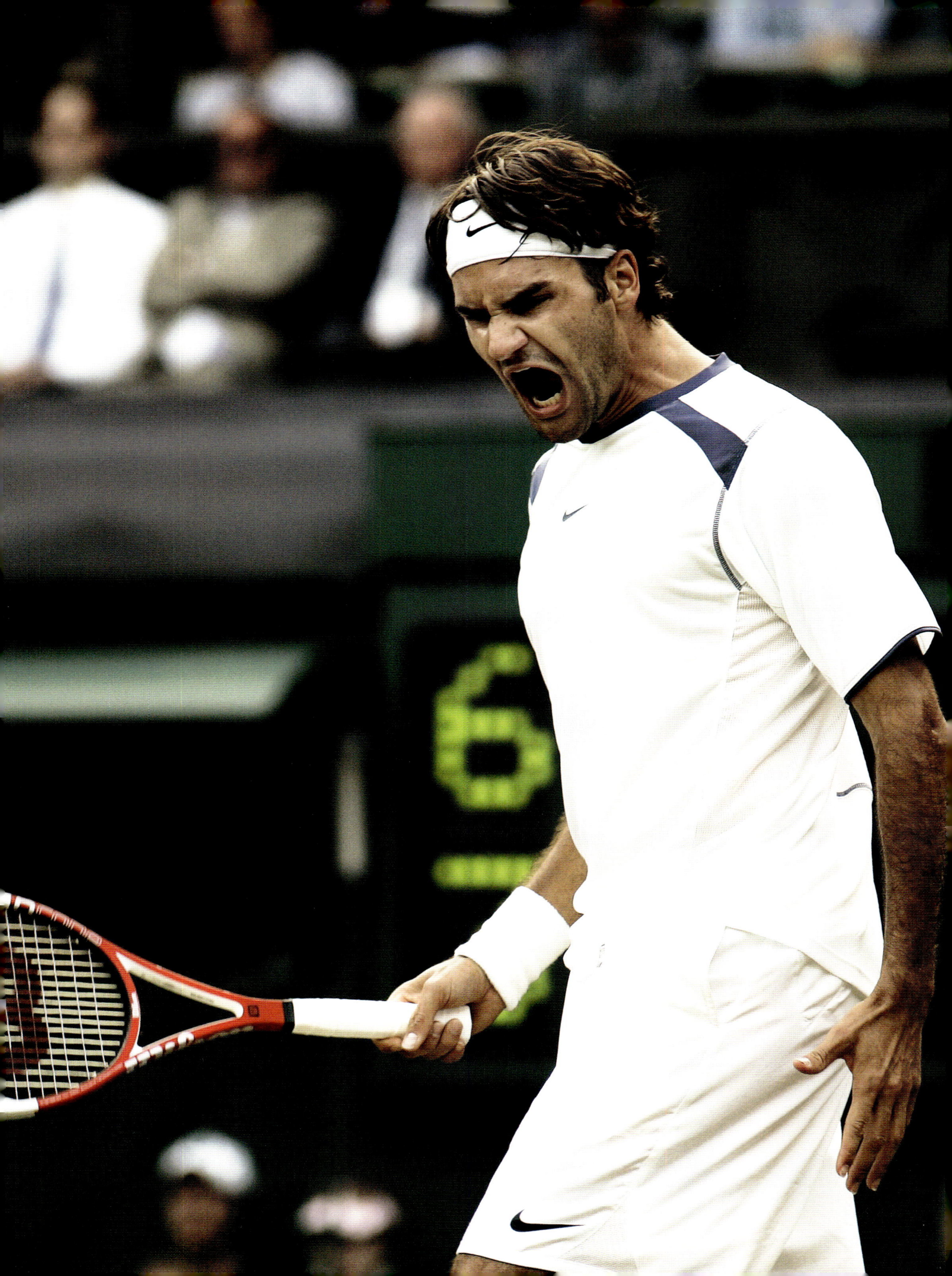

seine Qualitäten längst bewiesen hat. Roger sagt es nicht offen, aber er hat an einigen Kritiken gelitten: Er sei nicht der Finalist der Australian Open gewesen, sondern der Spieler, der den Titel des Champions von Australien verloren hat. Ebenso sei er nicht Finalist des French Open gewesen, auch wenn ein John McEnroe oder ein Pete Sampras ihre Namen auch nicht auf den Pokal der Musketiere schreiben konnten.

Es ist bestimmt ein Fehler in der Beurteilung der Erfolgsliste von Roger Federer oder entspricht der Art, wie Amerikaner ein Palmares zu beurteilen pflegen. Roger hat sich entschieden, die Begebenheiten an den richtigen Platz zu stellen. Die Spiele erfordern seine volle Aufmerksamkeit und verzeihen kein Nachlassen. Zu schnell hat ein Gegner die Nase vorn …

Also wird sich Roger Federer am US Open vor jedem Gegner in Acht nehmen. Ivo Minar bezwingt er in der ersten Runde. Gegen Fabrice Santoro und Olivier Rochus gewinnt er in drei Sätzen. Nicolas Kiefer hält nur einen Satz lang dagegen. Angstgegner David Nalbandian verliert im Arthur-Ashe-Stadion klar in drei Sätzen. Lleyton wittert mit dem Gewinn des dritten Satzes eine kleine Chance – er kehrt aber nicht ins Spiel zurück und verliert im vierten Satz.

Der Finalgegner heißt Andre Agassi. Ein Monument – eine Legende. Von ihm will ganz Amerika sehen wie er die Weltnummer eins besiegt. Sie wollen ihn klar und

▲
Am Tag nach dem Triumph. Die englische Presse war voll des Lobes.

▶
Wimbledon zum Dritten! Für Roger der schönste Erfolg seiner bisherigen Karriere.

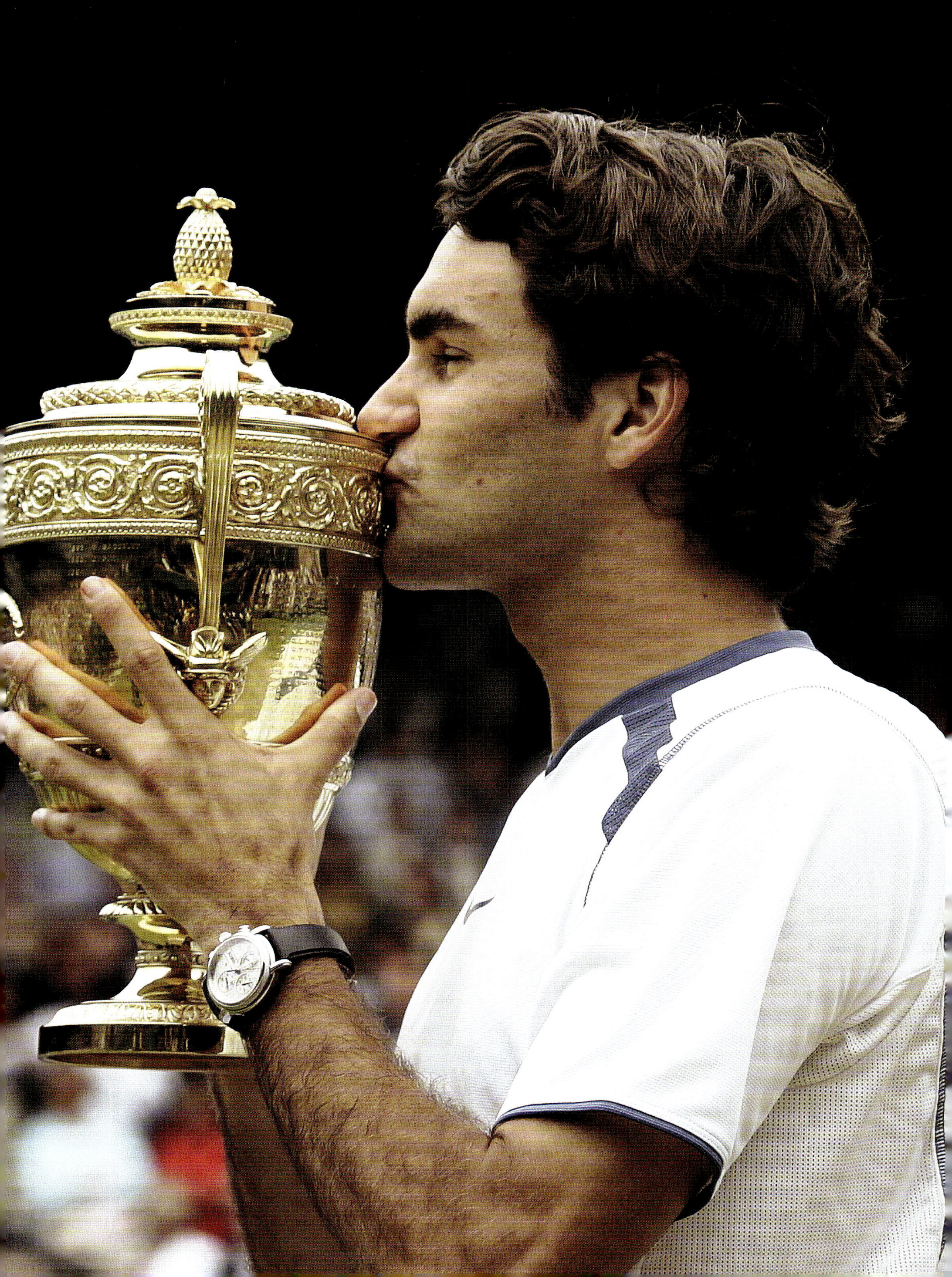

Am Champions-Dinner mit Tony Roche. Hier ist mein Name eingraviert.

eindeutig gewinnen sehen und ihn anschließend in den Himmel heben. Aber Teufel noch mal, muss man als Geldmaschine geboren sein (Agassi) oder ein Verrückter der Spielfelder (Connors, McEnroe oder James Blake), um hier Beifall zu ernten?

Auf diese Frage gibt Roger Federer auf seine Art eine Antwort, mit dem Racket und deutlich wie selten. Er gewinnt das Finale in vier Sätzen, ein Final den er selbst, verglichen mit andern Begegnungen, als sehr unterschiedlich und außergewöhnlich bezeichnet.

An diesem Tag hat Amerika wohl vergessen, dass Andre Agassi ein besorgter Familienvater geworden ist. Amerika will ihn als den stolzen Kämpfer sehen, und das ist er ja immer noch. Auf den Tenniscourts der Welt ist und bleibt er (ein abtretender) Champion, eine Legende, die Tennisgeschichte schrieb. Roger Federer bekennt nach dem Sieg: «Es war das schwierigste Spiel gegen Andre. Es hat nicht nur Kraft und literweise Schweiß gekostet, es war auch voller Emotionen und heimlicher Tränen am Schluss beim Aufeinanderzugehen. Enttäuscht und gezeichnet stellt Andre Agassi fest: «Ich bin heute dem besten Spieler, gegen den ich je gespielt habe, unterlegen!» Roger Federer hingegen gab zu: «Agassi hat mich zweifeln lassen. In meinem Gedächtnis wird er eine Legende bleiben!»

Später spricht Roger von einem ganz speziellen Gefühl: «Einer der ganz, ganz großen Momente in meiner Karriere.» Er erwähnt Schläge die er als zauberhaft bezeichnet und die es ihm erlaubt haben, sich aus etlichen sehr schwierigen Situationen zu retten. «Diese Schläge», ergänzte er, «waren wie wenn jemand anderer sie für mich gespielt hätte. In solchen Momenten sage ich mir: Gehe Risiken ein, probiere etwas. Es ist eine Art Zwiegespräch zwischen

Auch Mutter Lynette und Vater Robert freuen sich sichtlich am Erfolg des Sohnes.

mir und dem fiktiven Spieler, als wäre er mein Berater und Coach.»

Nach dem problemlosen Sieg der Schweizer Mannschaft am Davis Cup in Genf folgte das ATP-Masters von Bangkok. Auch hier hatte er den Titel aus dem vergangenen Jahr zu verteidigen. Damals ging Andy Roddick als Verlierer vom Platz. Nach harzigem Start verlief das Turnier nach Papierform. Ohne Satzverlust stand Roger Federer im Finale dem jungen, aufstrebenden Schotten Murray gegenüber. Kein Satzverlust hinnehmen war die Devise. Das gelang und die Wiederholung des Turniersieges war realisiert.

Zum Saisonabschluss steht der Masters Cup der Weltbesten acht Spieler auf dem Programm. Diesmal wird der inoffizielle Titel eines Weltmeisters wieder in Shanghai ermittelt. Roger Federer gewann den Masters Cup 2003 im Finale gegen Andre Agassi und 2004 gegen Lleyton Hewitt. Der Bedeutung des Turniers entsprechend und der Besetzung mit der Weltspitze, waren bereits die Vorrunden hart umstritten. Einzig Gaston Gaudio musste sich in zwei Durchgängen beugen und dies gleich zwei Mal zu Null.

Im Gruppenspiel gewann Roger gegen David Nalbandian, dem er im Finale wieder gegenüber stand. Die ersten zwei Sätze entschied Roger Federer im Tie-Brake für sich. Nalbandian kämpfte sich zurück und gewann schließlich im Tie-Brake des fünften Satzes knapp.

Roger hat das US Open gewonnen. Das große Buch der Tennisgeschichte wird weitergeschrieben und morgen werden andere Spieler andere Seiten schreiben.

Roger Federer beschließt auch die Saison 2005 unangefochten als Weltnummer eins!

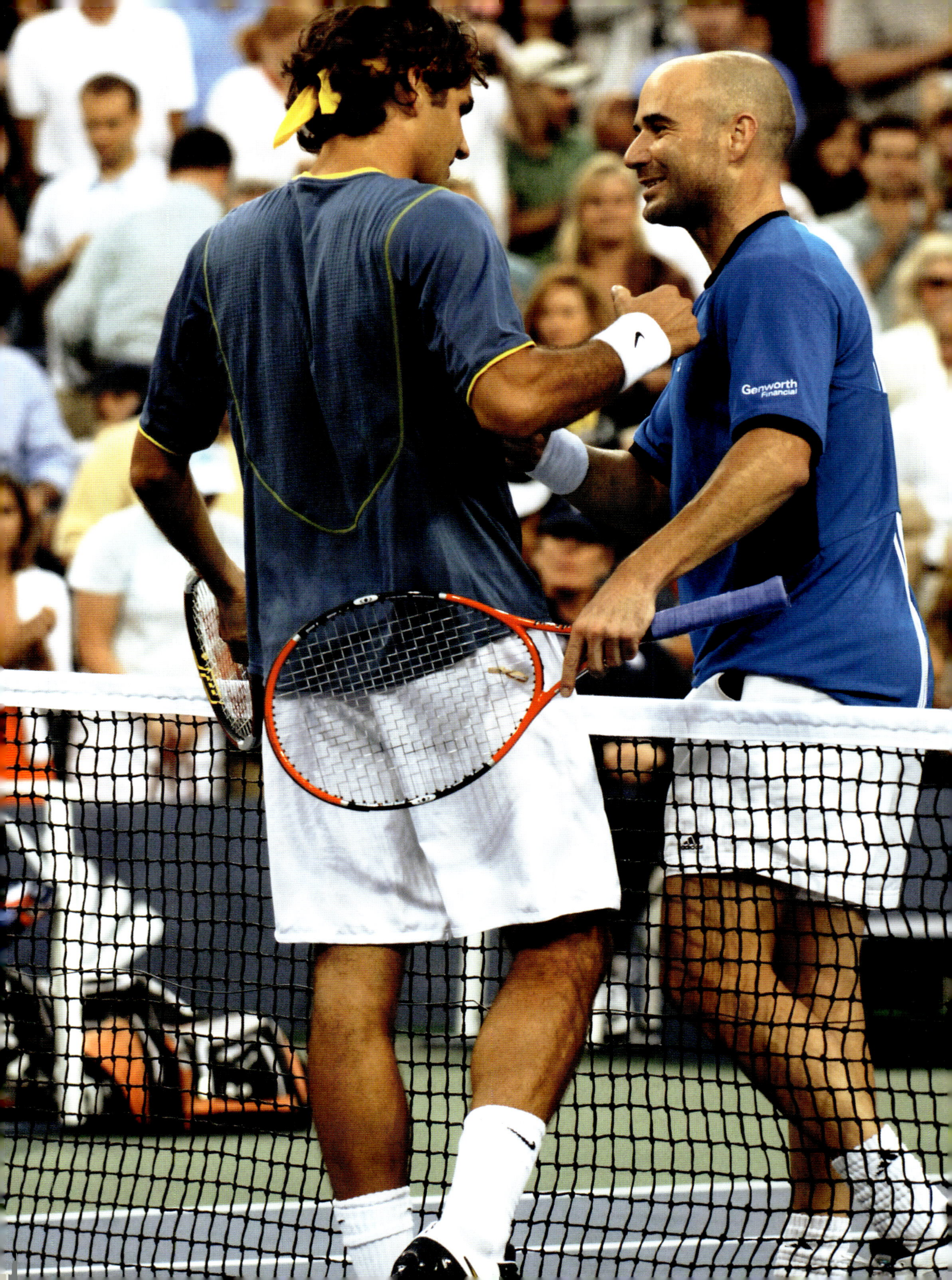
Genworth
Financial

◄ Enttäuscht und auch ein bisschen traurig. Andre Agassi anerkennt die Stärke seines wohl besten Gegners.

► Turniersieg am US Open 2005. Sein zweiter Grand-Slam-Titel in diesem Jahr.

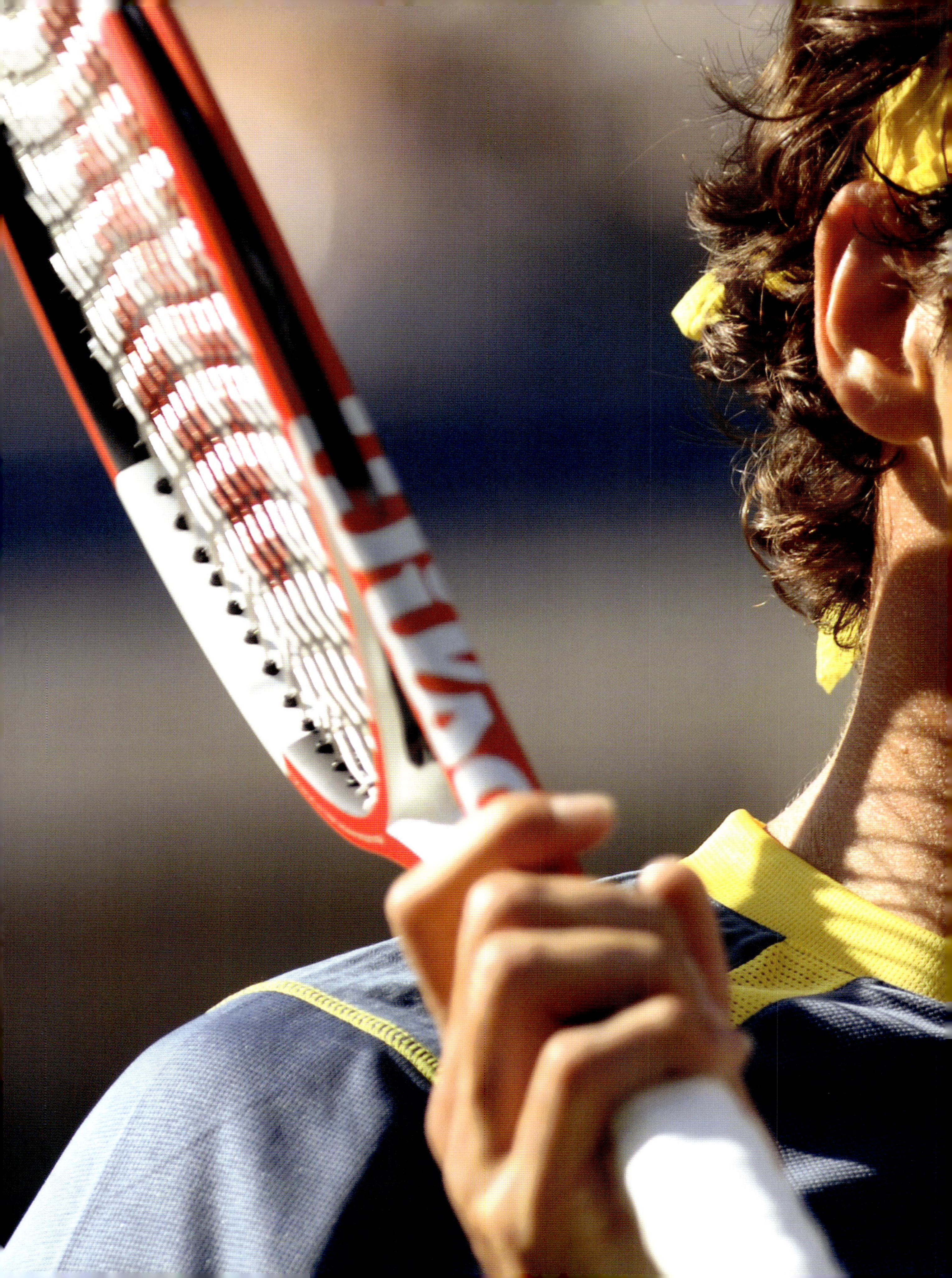

◄

Als Sieger von
Cincinnati hat Roger
Federer bereits
New York im Visier

►►

Überwindbare Hürden
auch ausserhalb des
Spielfeldes.

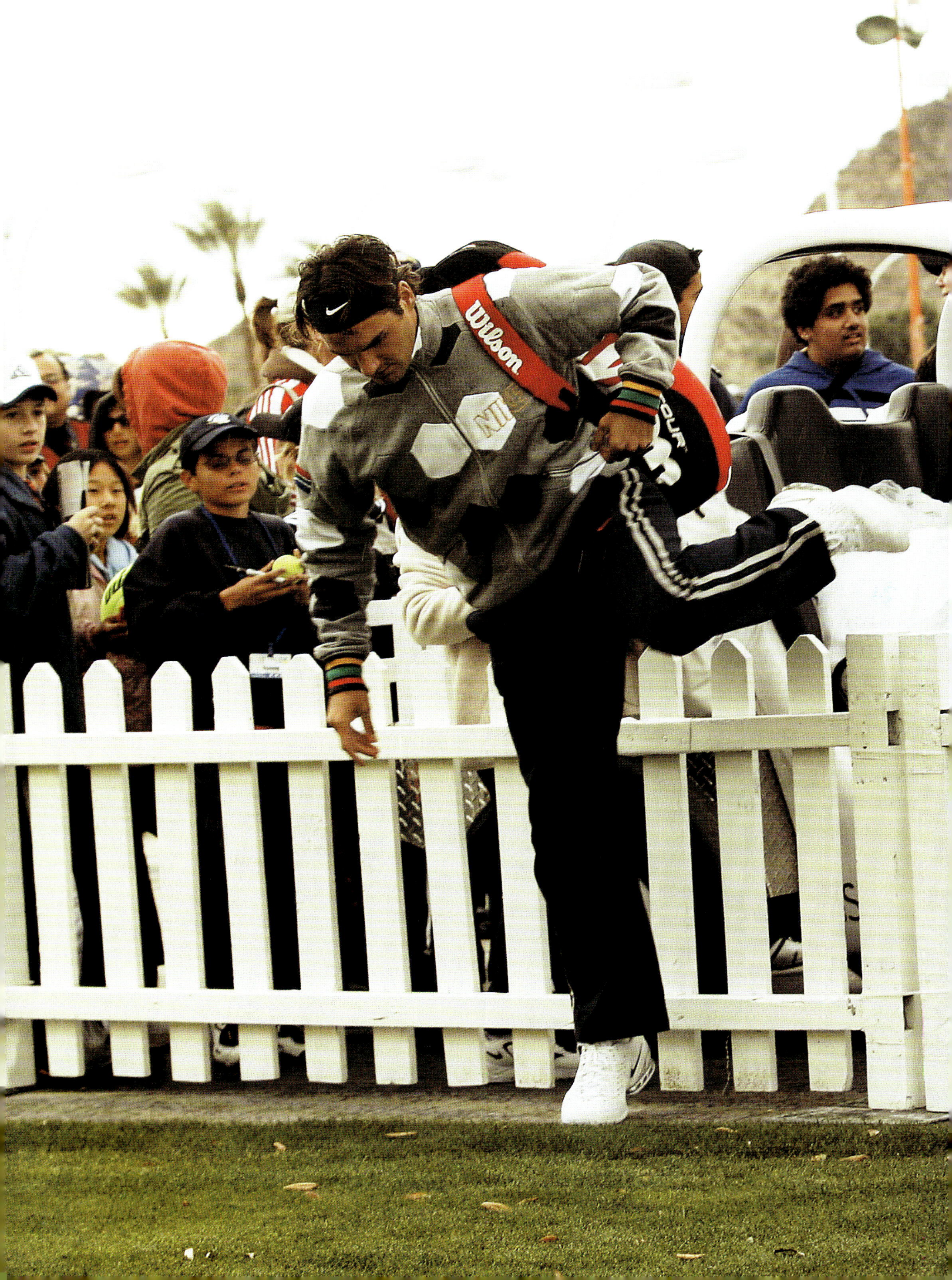
Wilson
TOUR

2006
Wie geht es weiter?

Das Jahr 2006 beginnt, wie die letzte Saison aufgehört hat. Die Reise nach Doha wird mit dem Turniersieg belohnt. Der junge aufstrebende Franzose Gael Monfils gab im Finale sein Bestes, konnte aber ebenfalls keinen Satzgewinn verbuchen.

Gut vorbereitet wird Roger in Melbourne erwartet. Das Australian Open hat er in guter Erinnerung. 2004 gewann er gegen Marat Safin das Finale – letzte Saison allerdings verlor er in einer denkwürdigen Begegnung (7-9 im fünften Satz) das Halbfinale gegen den gleichen Gegner. Grund genug, um mit voller Konzentration den Turniersieg anzustreben.

Die ersten drei Gegner (Istomin, Mayer und Mirnyi) waren gegen die Nummer eins chancenlos.

Der nach langer Verletzungspause wieder erstarkte Tommy Haas holte einen Zweisatzrückstand auf und erzwang einen fünften Satz, der dann aber klar zugunsten Federers endete. Bereits sind einige Favoriten ausgeschieden, was die Aufgaben in den folgenden drei Runden nur unwesentlich erleichterte. Im Finale wartete der überraschend stark aufspielende Marcos Baghdatis aus Zypern. Nach einem Satzgewinn schwanden jedoch seine Kräfte und Roger Federer wurde zum Sieger der Australian Open ausgerufen, dem ersten Grand-Slam-Turnier der Saison.

In Dubai schließlich folgten die Siege dreizehn bis sechzehn, bis er sich im Traumfinale Rafael Nadal (Weltnummer zwei) zu stellen hatte. Nach überzeugendem Beginn konnte er im dritten Satz nicht mehr zusetzen und der junge Spanier gewann.

In Indian Wells lockte ein besondere Aufgabe. Der dritte Turniersieg in Folge an gleicher Stelle. Die fünf Begegnungen der Vorrunden endeten eindeutig. Besonders Paradorn Srichaphan (im Halbfinal) und James Blake, sein Finalgegner, wussten sich

▲
Schon als Balljunge träumte er ‹sein› Turnier zu gewinnen. Roger Federer Sieger 2006.

▲ Umringt von einer grossen Menschenmenge in Basel, die ihren Champion feiern wollen.

vorteilhaft in Szene zu setzen. Doch Roger war der dritte Turniersieg in Folge nicht mehr zu nehmen. Trotz der Niederlage im Finale hatte James Blake anerkennende Worte: «Als ich letztes Jahr verletzt im Spital lag war Roger Federer der einzige Spieler, der sich nach mir erkundigte und mir gute Besserung wünschte!»

In Miami (Key Biscayne) am ATP Turnier der Masters Serie ist Roger Titelverteidiger und jeder Spieler heiß darauf, die Nummer eins ins Stolpern zu bringen. Tommy Haas muss die dritte Niederlage in Serie hinnehmen – er, der in dieser Saison erst einmal verlor, gegen James Blake in Indian Wells. Auch die andern Protagonisten enttäuschten. Agassi verletzt, Roddick und Hewitt nicht in Form, Nadal frühzeitig gegen Landsmann Moya ausgeschieden. Das Halbfinale gegen den Spanier Ferrer verlief einseitig und statt wie erwartet Nadal (Finalgegner 2005), stand der Kroate Ljubicic als Gegner fest, der eine äußerst positive Saison-Matchbilanz von 25:3 (Federer 27:1) aufweist. Die spannende Begegnung endete mit drei Tie-Breakes zugunsten von Roger Federer. Was schon viele vor ihm bestätigten, wiederholt Ljubicic in ähnlicher Weise: «Wir spielen gutes Tennis, aber wenn wir gegen Roger spielen, verlieren wir.»

Es folgen drei Sandplatz-Turniere. Monte Carlo, Rom und Roland-Garros. Drei Finalspiele und alle drei gegen Rafael Nadal. Eine besondere Herausforderung. In Monte Carlo waren die Vorrundenspiele, außer gegen Djokovic, eindeutige Zweisätzer. Im

Final (über drei Gewinnsätze) wartete ein äußerst konzentrierter Nadal, der auch gleich fulminant startete. Zwei Sätze im Tie-Break, der erste zugunsten von Federer und im vierten Satz die Entscheidung zugunsten von Nadal.

Ein ähnlicher Verlauf in Rom. Finalspiel gegen Rafael Nadal. Auch hier entschied der Tie-Break, aber diesmal erst im fünften Satz, nach einer hart umkämpften Partie. Ärgerlich, ein Finalspiel in der Kurzentscheidung knapp zu verlieren.

Nun waren die Vorbereitungen auf Roland-Garros gerichtet. Gut ausgeruht und optimal vorbereitet gelang Roger auch ein optimaler Start in Paris. Außer gegen Nicolas Massu verlor Federer bis zum Finaleinzug keinen Satz. Auch Nadal zeigte bis dahin kaum Schwächen. Für Federer also eine Art Spiel der Wahrheit, wie er selber sagte. Gelingt ihm heute der Exploit? Machen sich die vielen Trainingsstunden mit roten Socken und vom Sand geröteten Tennisschuhen bezahlt? Auf Sand ist eine Topkondition außerordentlich wichtig. Roger Federer verliert den dritten Final in Folge gegen Rafael Nadal. Wieder im Tie-Break, diesmal aber im vierten Satz. «Man hat keine Wahl, man muss auch mit Verlustpartien umgehen können ...» äußerte sich Federer.

Umstellen auf Rasenplätze ist angesagt. Als Vorbereitung auf Wimbledon bestreitet Roger das Rasenturnier von Halle. Die einzelnen Ergebnisse sind außergewöhnlich. Einzig die Eröffnungspartie gewinnt er in zwei Sätzen. Bei den vier folgenden Begegnungen ging es immer über drei Sätze – sechs Sätze wurden erst im Tie-Break entschieden. Gegen Thomas Berdych gewann Roger in Halle den fünften Titel.

All England Lawn Tennis and Croket Club heißt der erlauchte Tennisclub von Wimbledon. Für jeden Tennisspieler die bevorzugte Adresse, wo nur in weiß gespielt werden darf. Roger strebt den vierten Wimbledon-Titel an. Sechs Runden beendet er ohne Satzverlust und im Final wartet (erstmals auf Rasen) Rafael Nadal. Nach dem verlorenen Final von Roland-Garros eine willkommene Gelegenheit zur Revanche. Federer gewinnt den ersten Satz gleich mit 6-0 und fühlt sich auf seiner bevorzugten Unterlage wohl. Nach vier Sätzen gewinnt er den insgesamt achten Grand-Slam-Titel.

Vier Wochen später beginnt das Turnier von Toronto. Nach fünf überlegen gewonnen Partien steht er im Final gegen Richard Gasquet. Er packt die Chance und gewinnt den 40. Titel seiner Karriere. Zur Vorbereitung auf das US Open spielt er noch in Cincinnati. Mit dem Kopf bereits in New York, verliert er in der dritten Runde gegen Andy Murray. An den US Open tritt Federer als Titelverteidiger an und will den dritten Titel in Folge erringen. Die Form stimmt und die Gegner sind heiß darauf, gegen den Titelverteidiger zu gewinnen. Das gelingt nicht. Außer James Blake, der einen Satz gewinnt, verlieren alle fünf Gegner in drei Sätzen. Im Final sucht Andy Roddick ein Rezept um der Nummer eins eine Niederlage zu verpassen. Roddick holt nur den zweiten Satz und Roger Federer gewinnt seinen neunten Grand-Slam-Titel.

Die Schweiz siegt in Genf gegen Serbien im Davis-Cup und verbleibt damit in der Weltgruppe. Roger Federer gewinnt gegen Tipsarevic und Djokovic.

Ausnahmsweise spielt Roger auch mal in Tokyo. Hier gewinnt er den Final gegen Tim Henman in zwei Sätzen. Einzig dem Japaner Suzuki gelingt ein Satzgewinn.

Nach Madrid, wo Roger Federer im Final gegen Fernando Gonzalez gewinnt, steht sein Lieblingsturnier in Basel an. Es ist für ihn wie heimkommen. Hier wird er von einer großen Fangemeinde erwartet, die ihn auch kräftig unterstützt. Die drei ersten Runden gewinnt er klar. Srichaphan zwingt ihn im dritten Satz in den Tie-Break, ebenfalls Fernando Gonzalez. Federer gewinnt beide Kurzentscheidungen überzeugend. Zum Schluss der Saison steht der Masters Cup in Shanghai an, die inoffizielle Weltmeisterschaft der besten acht Spieler der Welt. Seine Gegner: Nalbandian, Roddick, Ljubicic, Nadal und Blake bezwingt er überzeugend und wird damit Masters-Cup-Sieger. James Blake, der Finalgegner, meinte: «Ich bin glücklich im Final spielen zu dürfen. Aber gegen Roger in dieser Form hat man keine Chance.»

Das Jahr 2006 schließt Roger Federer mit 92 gewonnen und 5 verlorenen Spielen als Nummer 1 der Welt ab.

Der neunte Grand-Slam-Titel ist eingefahren und neben der Tour stehen Ehrungen und humanitäre Aufgaben an. Als internationaler Unicef-Botschafter gewählt zu werden, ist eine besondere Ehre, die Roger Federer ernst nimmt.

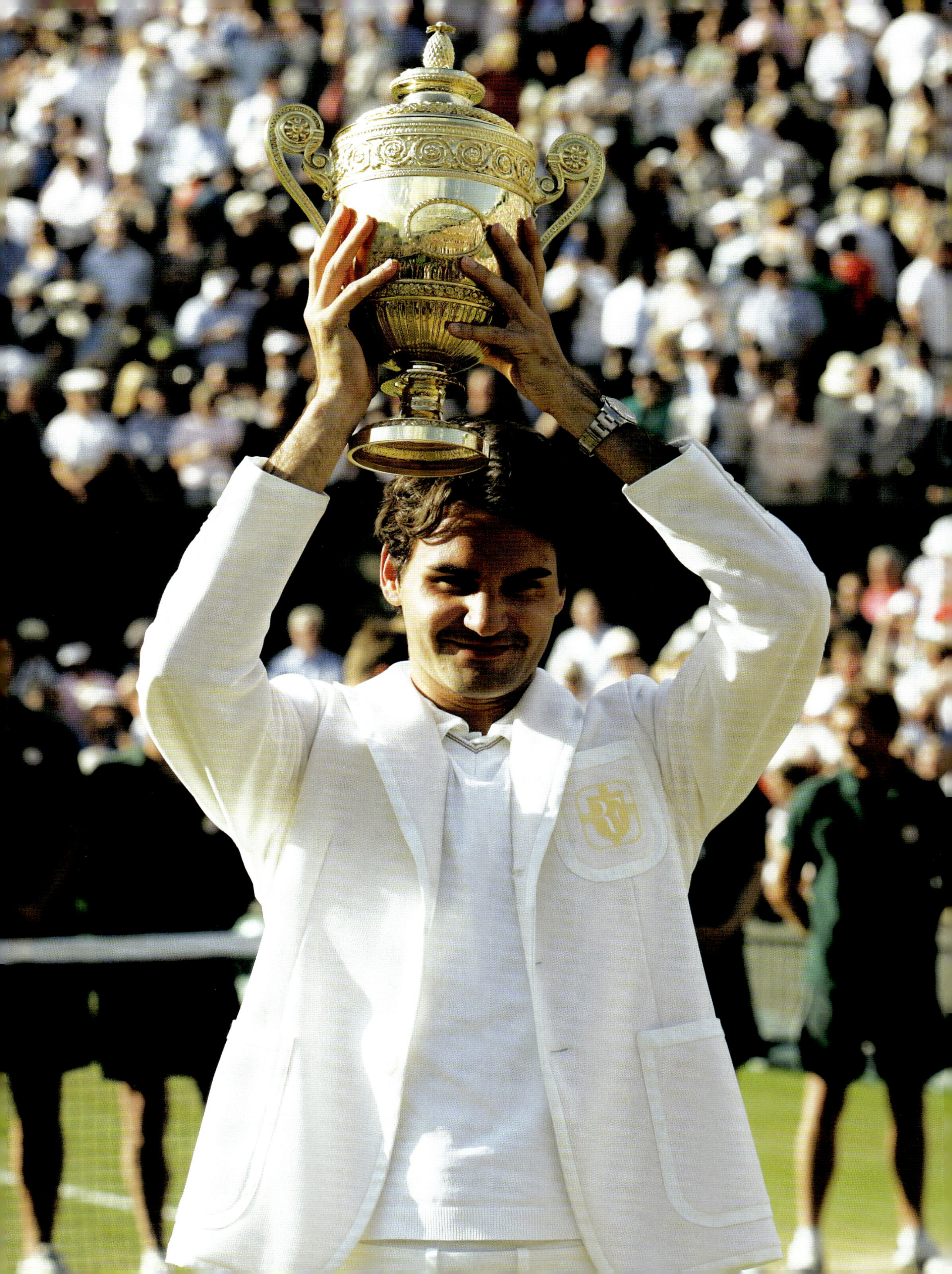

2007
Wimbledon im Mittelpunkt

Das Jahr 2007 beginnt für Roger Federer mit dem Australian Open in Melbourne. Er hat sich viel vorgenommen und ist auch entsprechend gut vorbereitet. Für einmal stand für ihn Doha nicht auf dem Turnierplan, dafür das exklusive Exhibition von Kooyong.

Die Rod-Laver-Arena scheint ihm besonders gut zu liegen. Als Titelverteidiger gab er in sieben Spielen, trotz hochklassiger Konkurrenz, keinen Satz ab. Auch Fernando Gonzalez musste im Final die Überlegenheit seines Gegners neidlos anerkennen. Der zehnte Grand-Slam-Titel war damit perfekt.

Auch in Dubai, wo er im Vorjahr gegen Nadal verloren hatte, gab sich Federer keine Blöße. Fünf Spiele klar gewonnen, im Final gegen den Russen Youzhni in zwei Sätzen.

Etwas außergewöhnliches passierte in Indian Wells. Roger verlor in der ersten Runde gegen den Argentinier Guillermo Canas. «Ich bin von seiner Leistung nicht überrascht», sagt Roger, «jeder Spieler ist einmal zu einem Exploit fähig.» Dass sich das in der dritten Runde in Miami wiederholen wird, ist aber doch eher überraschend. Nochmals Roger: «Wir werden sehen wie lange seine Motivation anhält.»

Im April in Monte Carlo wird wieder auf Sand gespielt, die von Rafael Nadal bevorzugte Unterlage. Vier Spiele gewinnt Roger in zwei Sätzen. Den Final aber verliert er gegen Nadal ebenfalls in zwei Sätzen. Das wird sich auch mal ändern ...

In Rom ist in der zweiten Runde gegen Filippo Volandri schon Schluss. Motivationsprobleme? Oder gar mehr? Roger Federer sagt nichts dazu, trennt sich aber vom Coach Tony Roche. Er gibt die Antwort in Hamburg. Klarer Sieg gegen Rafael Nadal im Final.

Roger Federer weiß nun, dass er Nadal auch auf Sand schlagen kann. Nur zu gerne würde er Roland-Garros gewinnen. Er spürt auch, dass das Publikum hinter ihm steht; damit steigt aber auch der Druck. Die ersten sechs Spiele gewann Roger problemlos. Klar dass sein Finalgegner Rafael Nadal hieß, der ebenfalls gut durchmarschierte. Die Anspannung war bei beiden Spielern sehr groß. Aber bereits der erste Satzverlust war für Roger frustrierend; schließlich verlor er in vier Sätzen absolut nicht zwingend. Roger in der Garderobe: «Ich bin am Boden zerstört. Alle meine Freunde, Verwandten und Bekannten waren da und niemand kann sagen, du hast gute Arbeit geleistet. Das Spiel habe ich im ersten Satz verloren, als ich keinen von zehn Breakbällen verwerten konnte.»

Die Reaktion kam in Wimbledon. Sechs Spiele problemlos und souverän gewonnen. Man spürte, dass sich Roger wohl und sicher fühlte. Wiederum schaffte es auch Rafael Nadal in den Final. Das Publikum bekam einen spannenden Match zu sehen. Federer gewann zwei Tie-Breaks und im fünften Satz 6-2. Der fünfte Wimbledon-Sieg in Folge. Björn Borg erhob sich in seiner Loge und applaudierte. Er war nicht mehr der einzige, der fünf Mal Wimbledon gewann. «Heute ist mein Rekord egalisiert, morgen wird er mich überholen», meinte Borg.

In Cincinnati ist Roger Federer auf dem Weg zu seinem fünfzigsten Titel. Er gewinnt den Final gegen James Blake in zwei Sätzen. Allerdings ist er noch weit entfernt vom Rekord von Jimmy Connors (109 Titel), nähert sich aber André Agassi (60), Guillermo Vilas (61) und Pete Sampras (64). Auf die Frage, wie er die vielen Trophäen aufbewahre, antwortet Roger: «Ich bewahre sie in einer Glasvitrine auf, das schützt sie vor Staub.»

Am US Open spielt Roger Federer wieder in einer eigenen Liga. Andy Roddick (Nummer fünf der Welt), Nicolas Davydenko (Nummer vier) und im Final Novak Djokovic (Nummer drei) verlieren in drei Sätzen. Nach dem Final sagt Roger im Hotel: «Ich will Spuren hinterlassen.» Als hätte er dies nicht schon längst getan.

Wenn man sportlich und finanziell Erfolg hat, sagt man, birgt das auch Gefahren. Die Leute fragen dann sofort: Wird er sich ändern? Hebt er ab? Spricht er noch mit uns? «Für mich treffen solche Vermutungen nicht zu. Ich habe ein tolles Umfeld, meine Eltern, meine Familie und gute Freunde. Das alles macht glücklich. Die Freude am Spiel, die Lust Rekorde zu brechen. Glauben sie mir, genau das reizt mich Tennis zu spielen», philosophiert Roger Federer.

In Madrid verliert Roger den Final gegen David Nalbandian, nachdem er die Vorrunden klar dominierte.

Sein Lieblingsturnier in Basel steht an. Seit 38 Jahren wird das Turnier von Roger Brennwald organisiert, also schon zu der Zeit, als Roger als Balljunge vom Siegerpokal geträumt hat und Mutter Lynette in der Administration tätig war. Roger gewann mit nur einem Satzverlust das Turnier.

Erneut von Nalbandian geschlagen, diesmal in Paris, schließt Roger die Turnier-Saison 2007 ab.

Als er am Masters Cup in Shanghai das erste Spiel gegen Fernando Gonzalez verliert, werden Stimmen laut, die behaupten, dass Federers Dominanz vorbei sei. Pierre Paganini, sein Konditionstrainer und physischer Betreuer erklärt: «Anfangs August hatte Roger einen Rückstand von 135 Punkten auf Rafael Nadal. Drei Monate später beträgt sein Vorsprung auf den gleichen Gegner fast 200 Punkte. Roger hat enorm viel in seine Fitness investiert. Klar, dass ohne große Ruhepausen einmal die Kampfkraft etwas nachlässt ...»

Federer schlägt Nicolay Davydenko, Andy Roddick, Rafael Nadal und im Masters-Cup-Final David Ferrer und wird zum vierten Mal Meister. Die Spieler waren einstimmig der Meinung, Roger habe nahe an der Perfektion gespielt.

Roger Federer beschließt das Jahr 2007 mit einer Bilanz von drei Grand-Slam-Titeln (Australien, Wimbledon und US Open), der zwölfte insgesamt, und mit sechs Turniersiegen.

Naturbursche Roger Federer.

2008 Enttäuschungen

Am 2. Januar 2008 macht sich Roger von Dubai kommend, wo er die Feiertage verbrachte, auf den Weg nach Melbourne zur Vorbereitung der Australian Open. «Beim Bälle schlagen fühlte ich mich nicht wohl. Ich war kraftlos und müde», erklärte er später, und ich hatte auch leicht Fieber. Am andern Tag ging ich ins Spital. Diagnose: Lebensmittelvergiftung nach Pouletgenuss. Ich habe aber gar kein Poulet gegessen.' Die Diagnose war falsch, er litt an einer Mononucléosis (Pfeiffer'sches Drüsenfieber). Trotzdem wollte er seinen Titel verteidigen. Noch konnte er nicht ahnen, dass der Entscheid falsch war und ihn fast ein ganzes Jahr zurückwarf. Im Halbfinal war gegen Novak Djokovic Endstation.

«Ich weiß dass ich mich daran gewöhnen muss, dass die Fans mich gewinnen sehen wollen und wenn ich einen Satz oder einen Match verliere, sagt man, dass ich schlecht gespielt habe. Daran bin ich selber Schuld. Man hat sich daran gewöhnt dass ich gewinne ...» erklärt sich Roger Federer.

Geschwächt von der Krankheit und mit physischem Rückstand und den kurzen Vorbereitungen, verlor er in Dubai in der ersten Runde gegen Andy Murray. Danach gewann Roger das Sandplatzturnier von Estoril und das Rasenturnier von Halle. Aber er verlor (immer gegen Rafael Nadal) den Viertelfinal von Monte Carlo, den Halbfinal von Hamburg und den Final von Roland-Garros und Wimbledon.

Von den erlittenen Niederlagen war Wimbledon die schmerzhafteste. An der Eröffnungspartie gegen Dominik Hrbaty weiß Roger, dass er viel zu verlieren hat: den sechsten Wimbledon-Titel und die Nummer 1 der Welt, die er während 225 Wochen innehatte. In einem denkwürdigen, an Spannung und Qualität kaum zu überbietenden Final gegen Rafael Nadal verlor Roger im fünften Satz knapp mit 7-9. Niedergeschlagen und müde verlässt er sein ‹Wohnzimmer'.

Und schon wartet die nächste Enttäuschung. Die Olympiade in Peking. Im Halbfinal verliert er gegen James Blake und verpasst damit auch die Bronze-Medaille. Immerhin gewinnt er an der Seite von Stanislas Wawrinka Gold im Doppel. Ein Trost? Ja. Und auch Zuversicht für das US Open.

Erstmals seit vier Jahren ist nicht Roger Federer, sondern der Olympiasieger Rafael Nadal die Nummer 1 der Welt. Als Nummer 2 steht er im Final der US Open gegen Andy Murray. Einzig gegen Igor Andreev musste Roger über fünf Sätze gehen. Den jungen Schotten Murray besiegte er glatt in 3 Sätzen. Sein fünfter Erfolg und gleichzeitig sein dreizehnter Grand-Slam-Titel. Der Rekord von Pete Sampras mit vierzehn Titeln ist nicht mehr weit weg. Am Abend meint Roger: «Die Broce-Medaille von Peking hat mir gut getan und ich danke Stan dass er mich stets motiviert und unterstützt hat.»

In Basel kreuzt er einmal mehr die Klingen gegen Nalbandian im Final. Das Publikum steht hinter ihm und skandiert «For ever our number one». Roger gewinnt seinen 57. Titel der Karriere, den letzten in diesem Jahr.

▶ Roger Federer auf dem Weg zum Finalsieg gegen Nalbandian. Basel 2008.

▶▶ Wimbledon-Sieger 2009. Sein sechster Titel, dieses Jahr gegen Andy Roddick in einem Fünfsatz-Krimi.

Am Ende eines von Rückschlägen und Krankheiten gezeichneten Jahres reist er ans Masters nach Shanghai Nach zwei Niederlagen verlässt er das Qi Zhong Stadium unter Applaus des chinesischen Publikums. Die Saison ist vorbei.

Der dreizehnte Grand-Slam-Titel ist eingefahren.

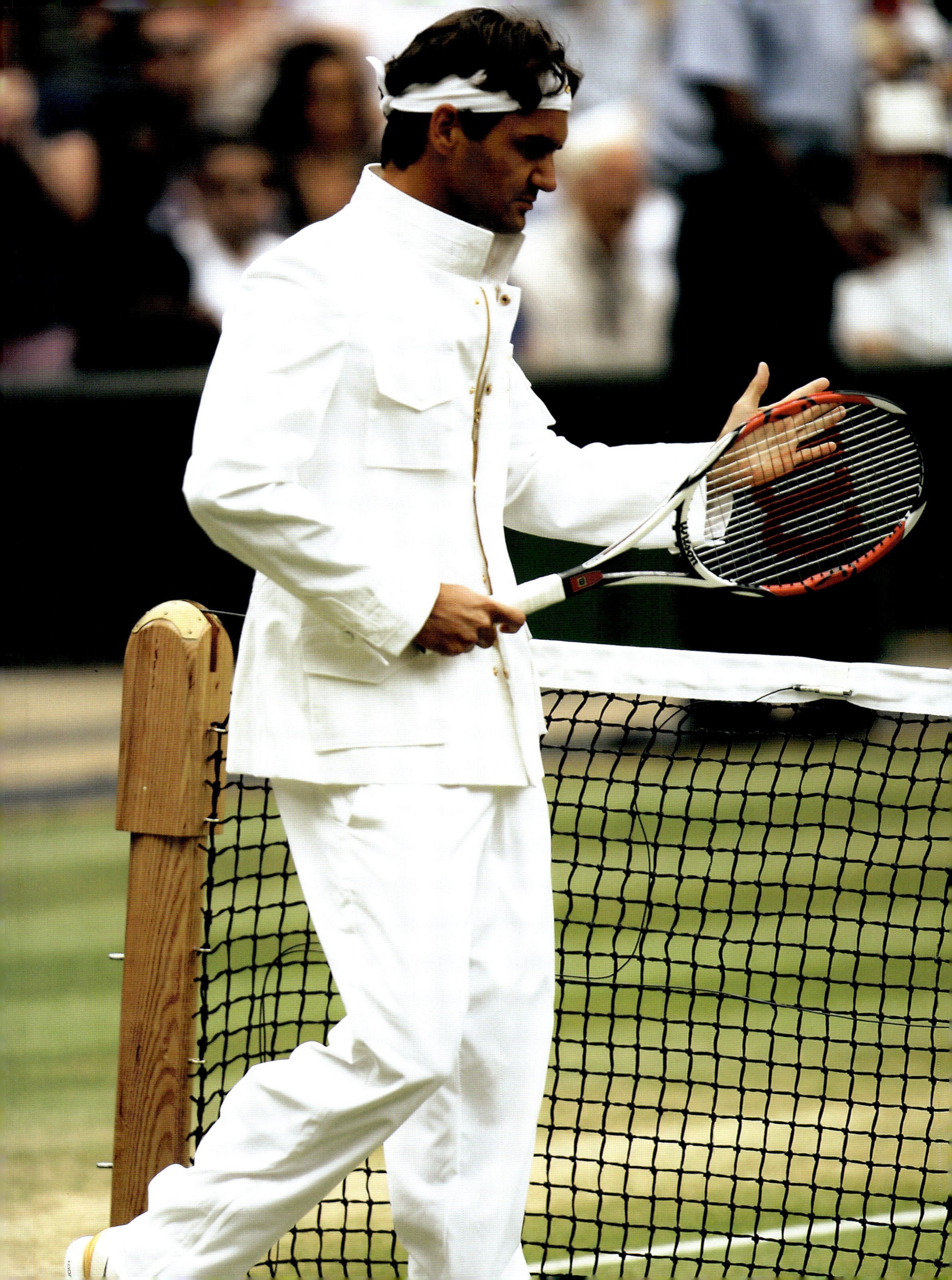
Wilson

2009
Die Rückkehr

Das Jahr 2009 steht im Zeichen der Rückeroberung der Nummer 1. Nach vier Jahren agiert er nicht mehr als Gejagter, sondern in der Rolle des Jägers. Er ist nicht mehr die Nummer 1 der Welt, aber voller Tatendrang, weiter Tennisgeschichte zu schreiben. Seine gesundheitlichen Probleme sind überstanden, er hat wieder Vertrauen und ist voller Zuversicht.

In Melbourne bereitet ihm in der vierten Runde Thomas Berdych (Nummer 21 der Welt) Probleme. Er führt mit 2-0 Sätzen bevor Roger die nächsten drei Sätze für sich entscheiden kann. Juan Martin del Potro und Andy Roddick verlieren in drei Sätzen und wieder steht Roger im Final Rafael Nadal gegenüber und wieder bekommt das Publikum einen spannenden Match zu sehen. Die fünf Sätze dauern fast auf die Minute genau fünf Stunden. Federer erspielt 174 Punkte, Nadal 173.

Der Sieger Rafael Nadal sagt: «Ich habe einen wichtigen Titel gewonnen, aber ich bin nicht besser als vor fünf Stunden. Wenn man auf den Platz kommt muss man wissen wer man ist, auch beim Herausgehen. Ein Spieler ändert sich in den zwei Momenten nicht.» Roger Federer weiß, die Zeit arbeitet für ihn.

Frisch verheiratet wird seine Geduld auf den Sandplätzen von Madrid belohnt. Er gewinnt gegen Robin Söderling, James Blake, Andy Roddick und Juan Martin del Potro und schließlich im Final auch gegen Rafael Nadal (in zwei Sätzen). Gute Voraussetzungen für Roland-Garros.

In Paris schlägt er: Alberto Martin in drei, José Acasuso und Paul-Henri Mathieu in vier Sätzen. Gegen Tommy Haas wurde es eng. Zwei Sätze Rückstand und der dritte Satz ist sehr ausgeglichen. Erst die Sätze vier und fünf waren klar. Roger Federer danach: «Ich dachte schon ich sei draußen ….» Dann schlägt er Gael Monfils in drei Sätzen. Es folgt Juan Martin del Potro in der Form seines Lebens. Beide wissen, dass Nadal gegen Söderling ausgeschieden ist und ein einfacherer Turniersieg möglich wäre. Die Begegnung dauerte dreieinhalb Stunden. Ein Doppelfehler von del Potro brachte im fünften Satz die Entscheidung. Das war Federers zweihundertster Grand-Slam-Match. 174 hat er gewonnen, 26 verloren.

Gegen den Finalgegner Söderling hat Roger bisher fünf Mal gewonnen. Er wollte auch diese Chance nutzen. Er gewinnt in drei Sätzen und kann den vierzehnten Grand-Slam-Titel feiern. Er erzielt Gleichstand mit Pete Sampras, der sagt: «Ich glaube, man kann jetzt schon sagen, Roger ist der beste Spieler aller Zeiten.» Roger Federer reduziert: «Es ist nicht an mir zu beurteilen, ob ich der Größte, ein Großer, ein Mittlerer oder ein Kleiner bin. Ich messe das, was ich schon geleistet habe, noch nicht.»

Wimbledon könnte den Fabelrekord von Pete Sampras brechen und Roger Federer wieder zur Nummer 1 machen. Bis in den Final schaffte es einzig Kohlschreiber, Roger einen Satz abzunehmen. Der sehr ausgeglichene Final gegen Andy Roddick dauerte vier Stunden und sechszehn Minu-

▶ Die zwei weltbesten Tennisspieler nach dem Final von Melbourne 2009, nach fünf hart umkämpften Sätzen.

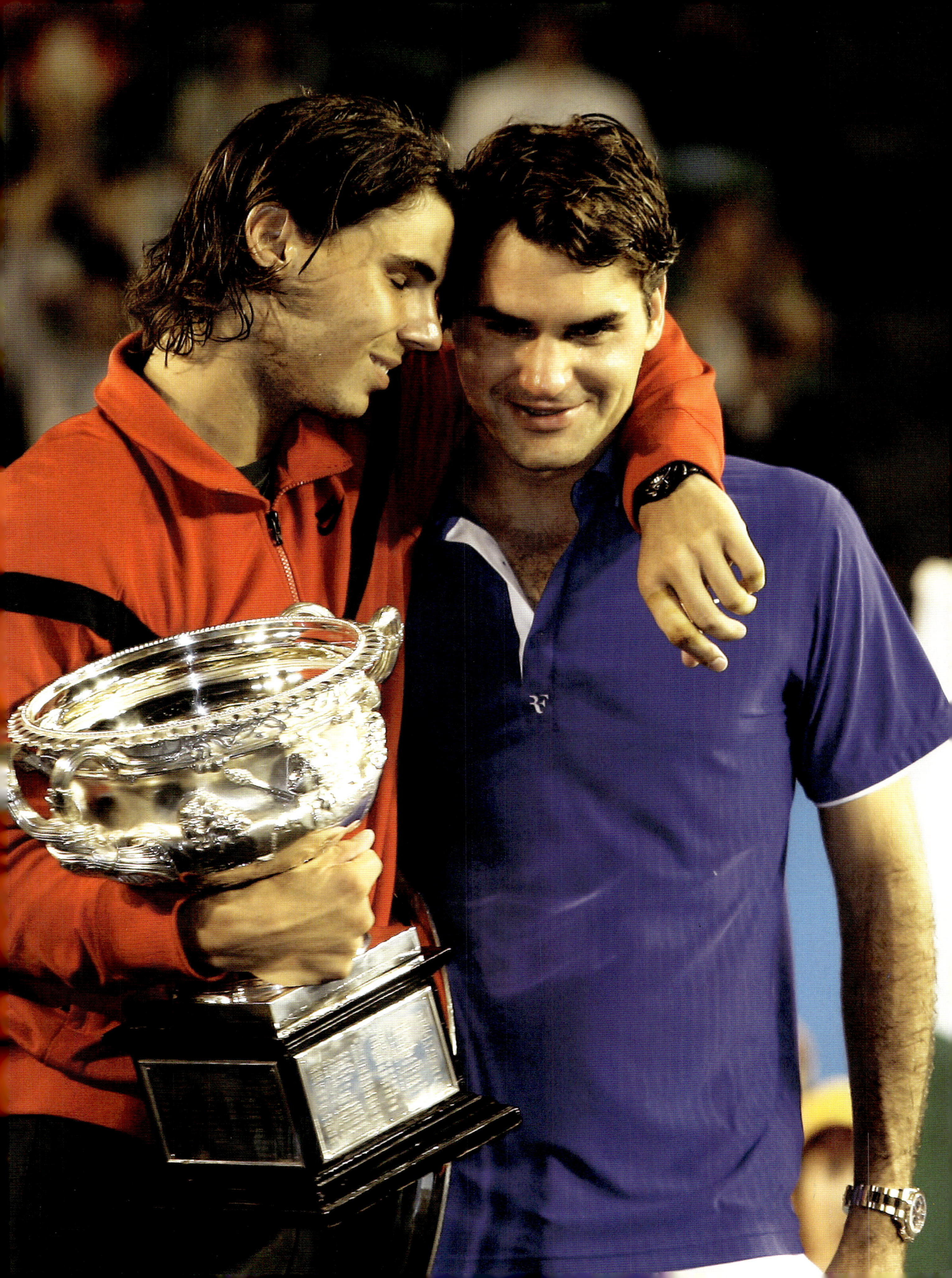

ten. Beide Spieler kämpften um jeden Ball und litten. Der fünfte Satz war an Spannung nicht mehr zu übertreffen. Das bessere Ende hatte Roger Federer mit 16-14. Knapper geht es nicht. Roger zu Andy: «Ich weiß, was du jetzt empfindest – ich habe letztes Jahr gegen Rafael Nadal dasselbe erlebt.»

Dank diesem Erfolg ist Roger Federer wieder die Nummer 1 und mit fünfzehn Grand-Slam-Siegen alleiniger Rekordhalter. Da das Glück selten alleine kommt, melden Mirka und Roger: «Wir haben eine Neuigkeit zu vermelden. Spät in der Nacht auf Donnerstag sind Mirka und ich Eltern von Zwillingen geworden. Wir geben Ihnen die Namen Myla Rose und Charlene Riva. Sie sind, wie die Mutter, bei bester Gesundheit. Es ist der größte Tag in unserem Leben!»

Mirka, Roger und die Zwillinge machen sich auf den Weg nach Montreal. Sie haben sich bei Spezialisten erkundigt, ob sie den Zwillingen die Reise zumuten können. Das Turnier in Kanada endet für Roger im Viertelfinal gegen Jo-Wilfried Tsonga.

In Cincinnati gewinnt Roger einen weiteren Titel. Er gewinnt gegen Acasuso, Ferrer, Hewitt, Robredo, Söderling, Murray und im Final gegen Novak Djokovic.

In New York startet Roger Federer überlegen. Im Viertelfinal gibt er gegen Söderling einen Satz ab und im Halbfinal bezwingt er Djokovic in drei Sätzen. In seinem 21. Grand-Slam-Final seiner Karriere, steht ihm Juan Martin del Potro gegenüber, der im Halbfinal Rafael Nadal bezwungen hat. Nach etwas über vier Stunden gewinnt del Potro im fünften Satz.

Im Davis Cup bleibt die Schweiz weiterhin in der Weltgruppe. Sie gewinnt gegen Italien. Federer schlägt Bolelli und Starace.

In Basel erwartet die Tenniswelt ihren Roger. Zum Auftakt organisierte Roger Brennwald einen wunderschönen Empfang mit Opernmusik, Chor und der Sopranistin Caballé Montserrat, die ebenfalls mit Basel eng verbunden ist. Nicht nur Roger Federer, auch Wawrinka, Lammer und Chiudinelli (Halbfinalgegner von Federer) setzen sich gut in Szene. Roger Federer gelingt leider der fünfte Sieg in Serie nicht. Er verliert gegen den souverän aufspielenden Novak Djokovic im dritten Satz. «Es war mein bestes Spiel», meinte der Serbe beim Interview.

Roger Federer zieht Bilanz: «2009 habe ich alle vier Gland-Slam-Finale gespielt und zwei gewonnen. Ich habe geheiratet und bin Papa von zwei reizenden Mädchen geworden. Ich bin die Nummer 1 der Welt. Ich weiß nicht, was ich mir noch besseres wünschen könnte.

Der fünfzehnte Grand-Slam-Titel ist eingefahren und damit ist Roger Federer der alleinige Rekordhalter.

Die Geschichte eines Champions wird weiter geschrieben, und nur er selbst kann entscheiden, wohin sie ihn trägt.

▶ Roger Federer hat nach etlichen Versuchen 2009 erstmals Roland-Garros gewonnen. Unter den Gratulanten Andre Agassi.

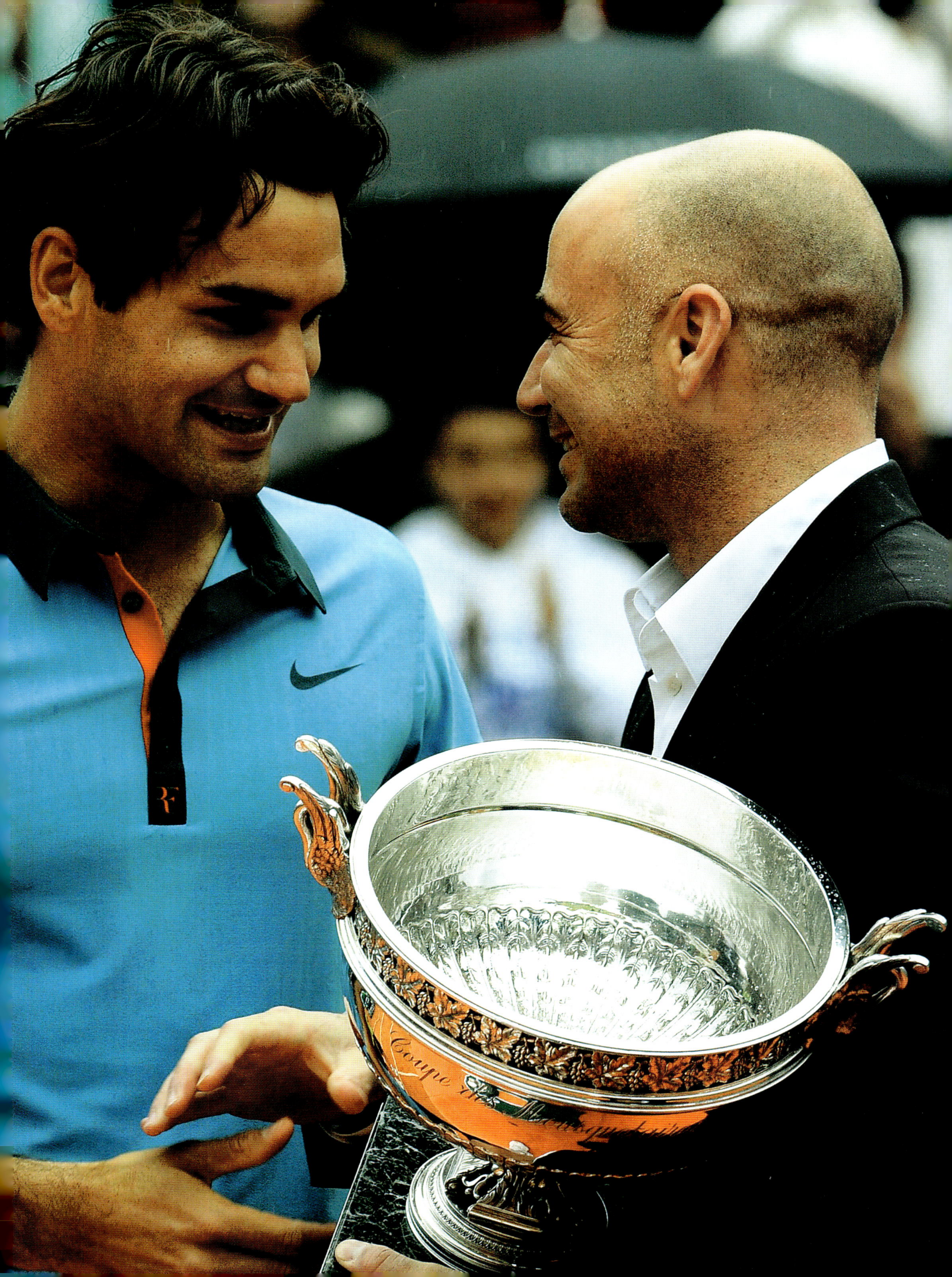

Madrid 2009. Roger Federer gewinnt (auf Sand) im Final gegen Rafael Nadal.

Und sonst …

Der Schweizer Fan-Club-Präsident präsentiert die Federer Fan-Artikel. Auf seinem T-Shirt ist die von der Schweizer Post herausgegebene Briefmarke aufgedruckt.

Roger Federer ist nicht nur der beste Tennisspieler der Welt, er ist auch ein sehr umworbener Mann, der sich eine Ehre daraus macht, zu beweisen, dass ein Champion nicht unbedingt eine unnahbare Persönlichkeit ist. Jetzt, wo ihm nicht nur die Tenniswelt die Ehre erweist, hat er freundliche Worte bereit: «Es ist sehr sympathisch, wichtig zu sein, aber es ist auch wichtig, sympathisch zu sein!»

Der Satz hat Geschichte geschrieben und Jahre später hat sich für Roger nichts daran geändert. Seine sympathische Präsenz am Champions-Dinner von Wimbledon oder der Gewinn des Laureus World Sports Award auf Kosten von Michael Schumacher, Lance Armstrong und Michael Phelps steigern seinen Sympathiebonus weiter. An der Seite von Adolf Ogi und Kofi Annan bemüht sich Roger Federer, unter dem Siegel der UNO als Sprecher des Sportes ein Beispiel zu sein.

«Ich liebe es, wenn ich als einfacher und hilfsbereiter Mensch dargestellt werde. Das Leben und der Sport haben mir schon viel gegeben. Wenn ich ein klein wenig davon zurückgeben kann, wenn ich helfen kann, wo Not herrscht, werde ich es tun. Überall dort, wo man Hilfe nötig hat.»

Man weiß, dass sich Roger Federer nicht zurückzieht, wenn Hilfeleistung und Unterstützung gefragt ist. Das hat er schon oft bewiesen. Auf berührende Weise leistet er finanzielle Katastrophenhilfe in Südostasien (Tsunami) im Dezember 2004. Oder auch als der Orkan Katrina in der Region von New Orleans wütete. Er will allerdings auch, dass diese Aktionen nicht an die große Glocke gehängt werden.

Übrigens bleiben auch die seltenen Momente der Ruhe und Entspannung der Öffentlichkeit verborgen. Denn ein wirklicher Champion ist nicht mehr als ein normaler Feriengast.

Mit Mirka an geselligen Anlässen.

Der coole Roger Federer.

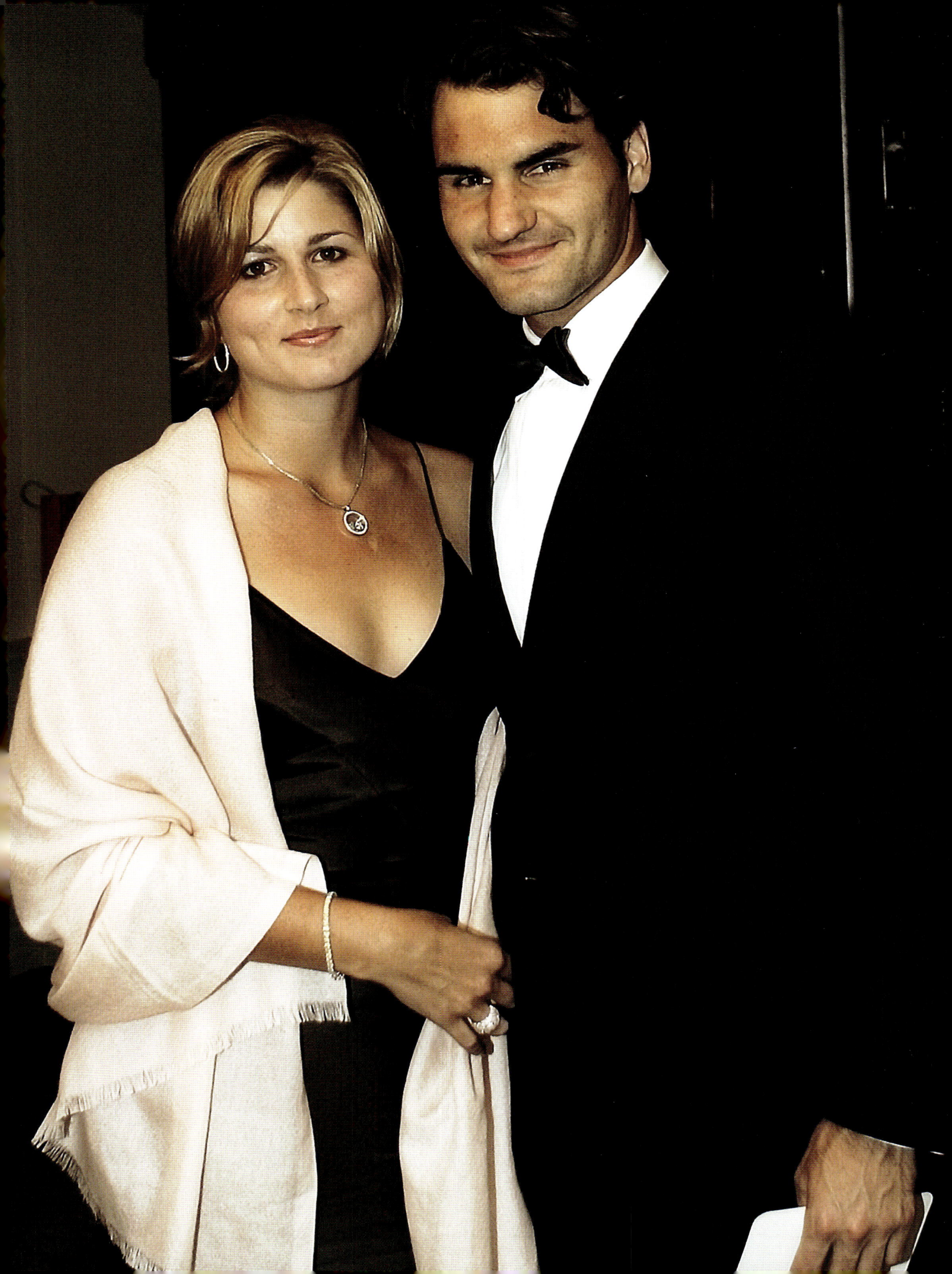

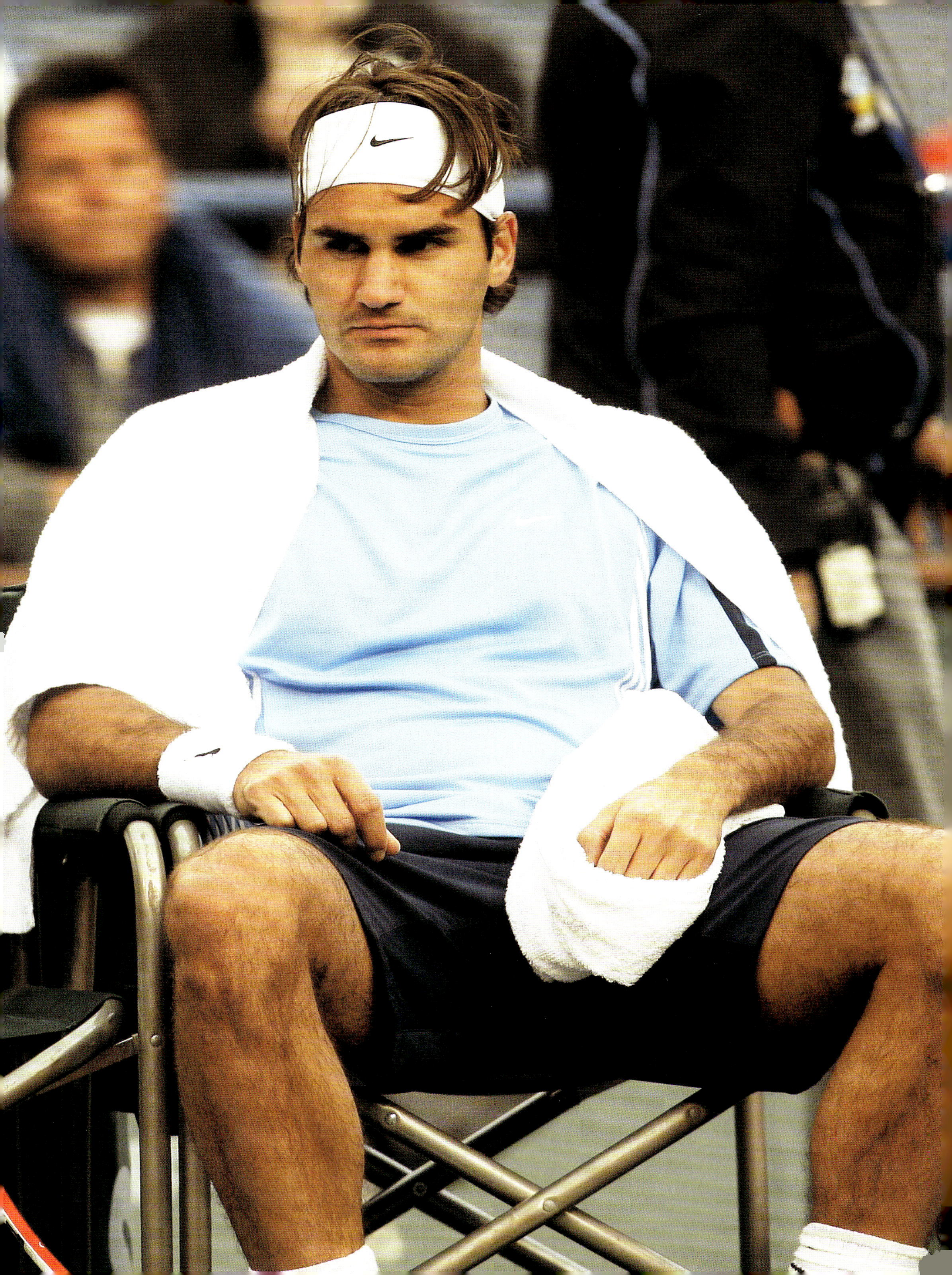

Sein Image

Er ist einen Meter sechsundachtzig groß, betrachtet uns aber nicht von oben herab. Mit seinen achtzig Kilo hat er ein ideales Gewicht. Ehrlich gesagt, Roger Federer hat alles, um Mannequin zu sein, was er bei Gelegenheit auch nicht unbedingt ablehnt.

Ob es sich um die Unterstützung seiner Partner handelt: Nike (Kleider und Schuhe), Wilson (Tennis-Ausrüster), Rolex (Uhren), Emmi (Milchprodukte), JURA Elektroapparate (Kaffeemaschinen) oder einfach zum Spaß, Roger nutzt gerne Gelegenheiten, ein anderes Bild von sich zu geben.

Was zeigt dieses andere Bild von Roger Federer außerhalb des Spielfeldes? «Sein Gesicht zeigt mehr Reaktionen als Impulse», notiert Maxence Brulard, Charakterologe. «Er kann sich schnell auf Situationen einstellen und darauf reagieren. Er ist ein sehr guter Stratege mit wohltuender Weitsicht. Sein Profil zeigt das Individuum in seinem Moment gegenüber der Welt. Das Gesicht ist sehr harmonisch und der Körper ist schön und fehlerfrei. Ich könnte mir vorstellen, dass er später einmal Filmschauspieler wird. Er hat dazu alle Fähigkeiten. Ich sehe ihn sehr gut in Rollen à la Robin Williams, der fast den gleichen Gesichtstyp hat, oder von Personen, die im Widerspruch zu ihrer Umgebung stehen.»

▶ Roger Federer spielt sehr gerne für sein Land und betrachtet es als Ehre. Hier als Fahnenträger an der Olympiade in Athen.

▶▶ Zu Besuch in New Brighton, im Armenquartier von Port Elisabeth.

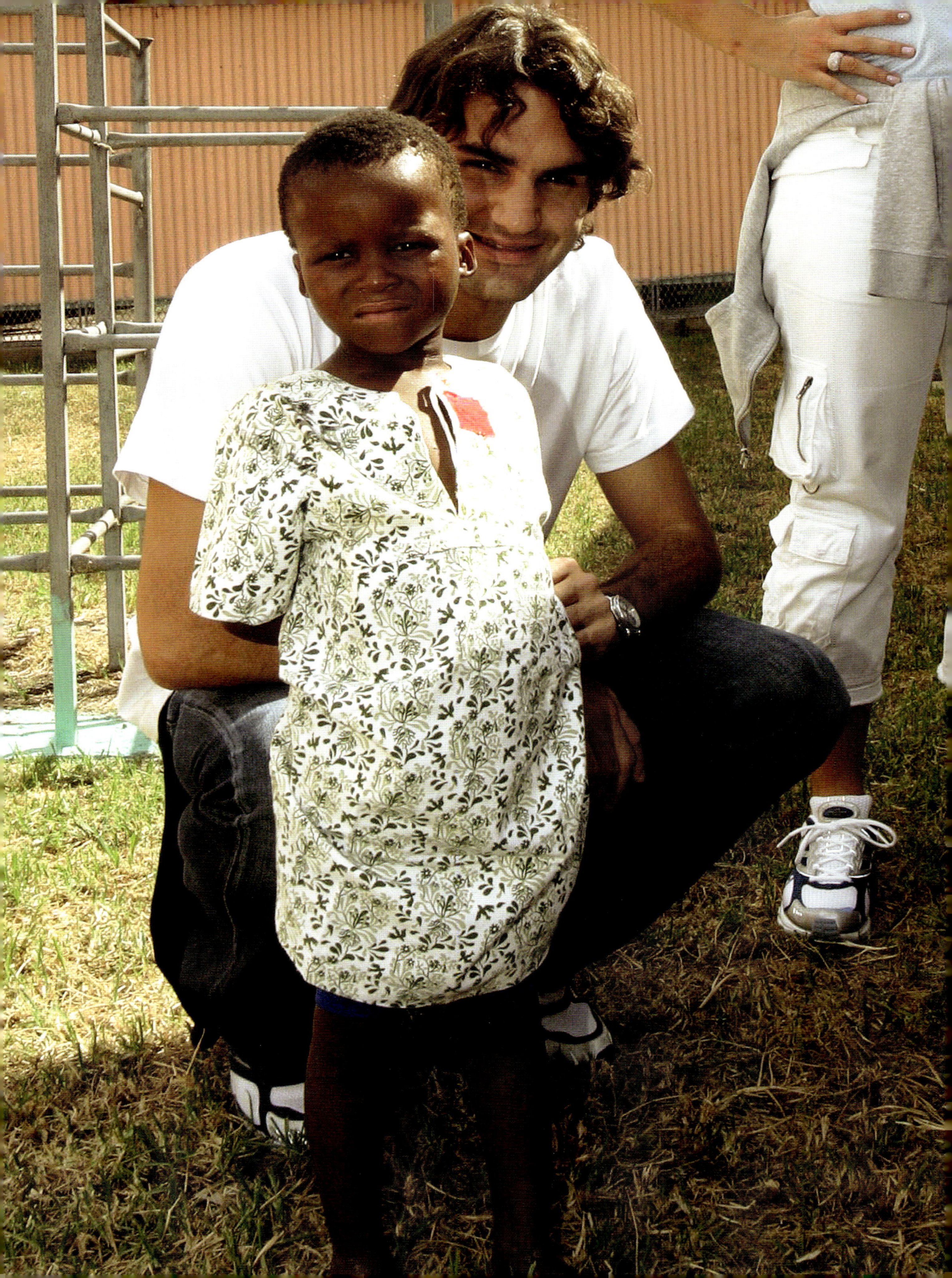

Das Herz

Roger Federer mit einem Betreuer vor Ort.

Im Dezember 2003 wird die Fondation Roger Federer gegründet, die zwei Ziele verfolgt:
– Finanzierung von Projekten zu Gunsten armer Kinder. Besonders fokussiert auf Aktivitäten und Aktionen in Südafrika.
– Jugend-Sportförderung mit Schwerpunkt Tennis auf internationaler Ebene.

Die Fondation Roger Federer unterstützt seit Juni 2004 die Association Helvetico Sudafricaine IMBEWU. Die Institution unterstützt die Verbesserung der sozialen Bedingungen von Kindern und Jugendlichen von New Brighton, einem der ärmsten Quartiere von Port Elisabeth in Südafrika.

«Jedes menschliche Wesen sollte im Leben die Möglichkeit zu einer Ausbildung haben. Dank dem Projekt IMBEWU kann ich vielen Kindern, den ärmsten des Landes, dazu verhelfen. Zudem ist Südafrika das Geburtsland meiner Mutter», sagt Roger Federer.

Roger ist im März 2005, begleitet von seinen Eltern und Freundin Mirka Vavrinec, dorthin gereist. Er hält ganz deutlich fest: «Mein Ziel besteht darin, die mir zuteil gewordene Chance mit andern zu teilen und mit meinem persönlichen Einsatz bessere Bedingungen hierher zu bringen. Ich war sofort von dem Gedanken, ein Projekt in Südafrika zu unterstützen und Kindern zu helfen, ihre eigene Zukunft aufzubauen, angetan. Ich konnte selbst feststellen, wie die Lage hier ist und was das Projekt den Kindern, die davon profitieren können, brachte. Die Reaktion der jungen Menschen, die mir begegneten, war rührend zu erleben. Aber es war auch sehr traurig, zu sehen, unter welchen Bedingungen viele von ihnen leben müssen. Es war für mich ein sehr lehrreiches Experiment und zugleich eine grosse Motivation, dieses Projekt weiterzuführen.»

Der Sitz der Fondation Roger Federer ist in Basel. Lynette, Robert und Roger Federer sind Mitglieder des Vorstandes. Beratend stehen ihnen Urs Wüthrich und Dr. Bernhard Christen, juristischer Berater von Roger Federer, zur Seite. Die Schweizer Nie-

Die Not ist groß und unsere Hilfe zeigt deutliche Spuren.

derlassung IMBEWU (bedeutet in der Xhosa-Sprache Samen) ist in Coffrane bei Neuenburg zu Hause. Offiziell im Oktober 2001 gegründet, sichert heute IMBEWU Schulung und Verpflegung von mehr als 150 Kindern, begleitet und betreut sie persönlich. Weitere Projekte sind in Vorbereitung: Gründung einer Basketballmannschaft, Bau einer Spiel- und Erholungshalle für die kranken Kinder des Dora-Nginza-Spitals, in einem der Armenquartiere von Zwide. Die Organisation nimmt auch an den Programmen im Sektor Gesundheitsvorsorge teil und an der Sportförderung für Jugendliche. Sie ist ebenfalls aktiv im Sektor des kulturellen Austausches zwischen der Schweiz und Südafrika.

Drei Südafrikaner bewältigen die lokalen Aktivitäten der IMBEWU Schweiz vor Ort. Die Organisation bietet interessierten Schweizern die Möglichkeit, Patenschaften von Kindern zu übernehmen. Es ist ebenfalls möglich, sich persönlich zu Gunsten der ärmeren Gemeinschaften zu engagieren. Es sind heute schon mehr als hundert Menschen, die sich in Port Elisabeth an etwa dreißig kommunalen Projekten beteiligen. Nach der Devise: «Ein kleiner Tropfen Wasser kann sich zu einem Fluss von Großzügigkeit entwickeln.»

1998

Gstaad	Sand Outdoor
– Arnold	4-6/4-6

Genf	Sand Indoor
– Stanoytchev	4-6/6-7

Toulouse	Hartbelag Indoor
+ Raoux	6-2/6-2
+ Fromberg	6-1/7-6
– Siemerink	6-7/2-6

Basel	Hartbelag Indoor
– Agassi	3-6/2-6

Bilanz

2 Spiele gewonnen, 4 Spiele verloren
ATP-Klassierung am 31. Dezember 1998:
Nummer 302

1999

Heilbronn	Teppich Indoor
+ Caratti	7-5/6-4
+ van Lottum	6-2/6-4
+ Gimelstob	6-7/7-6/7-5
– Tieleman	5-7/1-6

Marseille	Hartbelag Indoor
+ Moya	7-6/3-6/6-3
+ Golmard	6-7/7-6/7-6
– Clément	3-6/3-6

Rotterdam	Teppich Indoor
+ Raoux	6-7/7-5/7-6
+ Ulihrach	6-4/7-5
– Kafelnikov	1-6/7-5/4-6

Grenoble	Hartbelag Indoor
+ Gilbert	6-2/6-0
– Boutter	6-4/2-6/3-6

Key Biscayne	Hartbelag Outdoor
– Carlsen	5-7/6-7

Neuenburg DC	Teppich Indoor
+ Sanguinetti	6-4/6-7/6-3/6-4
– Pozzi	4-6/6-7

Monte Carlo	Sand Outdoor
– Spadea	6-7/0-6

Espinho	Sand Outdoor
– Balcells	6-7/3-6

Abkürzungen:
MC = Masters Cup
DC = Davis Cup
GS = Grand Slam

w.o. = Aufgabe

Ljubljana	Sand Outdoor
+ Medica	6-3/6-2
+ Vasek	7-6/6-1
+ Viloca	2-6/6-3/6-4
– Pescariu	6-7/2-6

Roland-Garros GS	Sand Outdoor
– Rafter	7-5/3-6/0-6/2-6

Surbiton	Rasen
+ Ruah	7-6/6-2
+ van Lottum	6-3/3-6/6-1
+ O'Brien	6-1/6-4
– Sargsian	7-6/3-6/6-7

Queen's	Rasen
– B. Black	3-6/6-4

Wimbledon GS	Rasen
– Novak	3-6/6-3/6-4/3-6/4-6

Gstaad	Sand Outdoor
– el Aynaoui	2-6/3-6

Brüssel DC	Sand Outdoor
– Van Garsse	6-7/6-3/6-1/5-7/1-6
– Malisse	6-4/3-6/5-7/6-7

Segovia	Hartbelag Outdoor
+ Munoz	7-6/6-4
– Escudé	6-3/1-6/4-6

Washington	Hartbelag Outdoor
– Phau	2-6/3-6

Tashkent	Hartbelag
+ Pioline	6-4/6-3
– Wessels	6-4/6-7/4-6

Toulouse	Hartbelag Indoor
+ Schuettler	7-6/6-1
– Santoro	3-6/6-7

Basel	Teppich Indoor
+ Damm	6-2/3-6/6-4
+ Popp	6-2/7-5
– Henman	3-6/5-7

Wien	Hartbelag Indoor
+ Spadea	6-4/6-2
+ Novak	7-6/6-1
+ Kucera	2-6/6-4/6-1
– Rusedski	3-6/4-6

Lyon	Teppich Indoor
+ Vacek	6-3/6-4
– Hewitt	6-7/6-2/4-6

Brest	Teppich Indoor
+ Roux	6-3/4-6/6-4
+ Gilbert	6-4/6-3
+ Llodra	6-3/6-3
+ Damm	6-3/7-6
+ Mirnyi	7-6/6-3

Bilanz

29 Spiele gewonnen, 23 Spiele verloren
ATP-Klassement am 31. Dezember 1999:
Nummer 64

2000

Adélaïde	Hartbelag Indoor
+ Knippschild	6-1/6-4
− Enqvist	6-7/4-6

Auckland	Hartbelag Outdoor
− Ferrero	4-6/4-6

Australien Open GS	Hartbelag Outdoor
+ Chang	6-4/6-4/7-6
+ Kroslak	7-6/6-2/6-3
− Clément	1-6/4-6/3-6

Zürich DC	Teppich Indoor
+ Philippoussis	6-4/7-6/4-6/6-4
− Hewitt	2-6/6-3/6-7/1-6

Marseille	Hartbelag Indor
+ Dupuis	6-4/6-4
+ Johansson	6-3/6-2
+ Ljubicic	6-2/3-6/7-6
+ Santoro	7-6/7-5
− Rosset	6-2/3-6/6-7

London	Hartbelag Indoor
+ Kiefer	6-2/6-3
+ Ivanisevic	7-5/6-3
− Rosset	6-3/4-6/4-6

Kopenhagen	Hartbelag Indoor
+ Dewulf	6-4/4-6/6-3
+ Jonsson	6-4/6-4
+ Pozzi	4-6/6-1/6-3
− Larsson	3-6/6-7

Miami	Hartbelag Indoor
+ Gimelstob	7-5/6-3
− Zabaleta	4-6/6-7

Monte Carlo	Sand Outdoor
− Novak	1-6/6-2/5-7

Barcelona	Sand Outdoor
− Bruguera	1-6/1-6

Rom	Sand Outdoor
− Medvedev	6-3/3-6/5-7

Hamburg	Sand Outdoor
− Pavel	4-6/3-6

St. Pölten	Sand Outdoor
− Hantschk	2-6/1-6

Roland-Garros GS	Sand Outdoor
+ Arthurs	7-6/6-3/1-6/6-3
+ Gambill	7-6/6-3/6-3
+ Kratochvil	7-6/6-4/2-6/6-7/8-6
− Corretja	5-7/6-7/2-6

Halle	Rasen
+ Clément	6-4/6-2
+ Larsson	6-2/6-3
− Chang	5-7/2-6

Nottingham	Rasen
− Fromberg	5-7/1-6

Wimbledon GS	Rasen
− Kafelnikov	5-7/5-7/6-7

Gstaad	Sand Outdoor
– Corretja	4-6/6-4/4-6

St. Gallen DC	Teppich Indoor
+ Voltchkov	7-6/7-5/6-7/5-7/6-2

Toronto	Hartbelag Outdoor
– Hewitt	6-3/3-6/2-6

Cincinnati	Hartbelag Outdoor
– Clavet	6-7/6-7

Indianapolis	Hartbelag Outdoor
– Sekulov	4-6/5-7

US Open GS	Hartbelag Outdoor
+ Wessels	4-6/4-6/6-3/7-5/6-4
+ Nestor	6-1/7-6/6-1
– Ferrero	5-7/6-7/6-1/6-7

Sydney (Olympia)	Hartbelag Outdoor
+ Prinosil	6-2/6-2
+ Kucera	6-4/7-6
+ Tillstrom	6-1/6-2
+ Alami	7-6/6-1
– Haas	3-6/2-6
– Di Pasquale*	6-7/7-6/3-6

* Finalspiel um die Bronzemedaille

Wien	Hartbelag Indoor
+ Norman	4-6/7-6/6-4
+ Mirnyi	6-3/6-3
+ Krajicek	6-4/6-3
– Henman	6-2/6-7/3-6

Basel	Teppich Indoor
+ Haas	6-3/6-3
+ Pavel	7-6/6-4
+ Thomann	6-4/6-4
+ Hewitt	6-4/5-7/7-6
– Enqvist	2-6/6-4/6-7/6-1/1-6

Stuttgart	Hartbelag Indoor
+ Gambill	7-6/1-0 w.o.
– Kafelnikov	5-7/3-6

Lyon	Teppich Indoor
+ Escudé	6-3/7-6
– Kucera	6-3/2-6/1-6

Paris/Bercy	Teppich Indoor
– Hrbaty	6-4/2-6/2-6

Stockholm	Hartbelag Indoor
+ Youzhny	5-7/6-4/6-3
– Vinciguerra	5-7/6-7

Bilanz

36 Spiele gewonnen, 30 Spiele verloren
ATP-Klassierung am 31. Dezember 2000:
Nummer 29

2001

Sydney	Hartbelag Outdoor
+ Ferreira	6-3/6-4
+ Rosset	6-1/6-2
– Grosjean	5-7/4-6

Australien Open GS	Hartbelag Outdoor
+ Di Pasquale	6-4/4-6/6-1/7-5
+ Escudé	6-1/6-4/6-4
– Clément	6-7/4-6/4-6

Mailand	Hartbelag Indoor
+ Schüttler	6-3/6-4
+ Saulnier	2-6/6-3/6-4
+ Ivanisevic	6-4/6-4
+ Kafelnikov	6-2/6-7/6-3
+ Boutter	6-4/6-7/6-4

Basel DC	Hartbelag Indoor
+ Martin	6-4/7-6/4-6/6-1
+ Gambill	7-5/6-2/4-6/6-2

Marseille	Hartbelag Indoor
+ Saulnier	7-6/6-4
+ Bryan	7-6/6-3
+ Kratochvil	6-4/7-6
– Kafelnikov	7-6/4-6/4-6

Rotterdam	Hartbelag Indoor
+ Ilie	7-6/6-1
+ Grosjean	4-6/6-3/6-4
+ Corretja	6-4/6-2
+ Pavel	6-7/6-4/6-0
– Escudé	5-7/6-3/6-7

Indian Wells	Hartbelag Outdoor
– Kiefer	6-3/5-7/1-6

Miami	Hartbelag Outdoor
+ el Aynaoui	6-2/6-2
+ Philippoussis	3-6/7-6/6-2
+ Johansson	7-6/5-7/7-6
– Rafter	3-6/1-6

Neuenburg DC	Teppich Indoor
– Escudé	4-6/7-6/3-6/4-6
+ Clément	6-4/3-6/7-6/6-4

Monte Carlo	Sand Outdoor
+ Chang	6-4/6-3
+ Sanguinetti	7-6/7-6
+ D. Pasquale	6-1/6-2
– Grosjean	4-6/3-6

Rom	Sand Outdoor
+ Johansson	7-6/4-6/7-6
+ Safin	4-6/6-4/7-6
– Ferreira	6-7/2-6

Hamburg	Sand Outdoor
– Squillari	3-6/4-6

Roland-Garros GS	Sand Outdoor
+ Galvani	6-3/6-3/6-3
+ Sargsian	4-6/3-6/6-2/6-4/9-7
+ Sanchez	6-4/6-3/1-6/6-3
+ Arthurs	3-6/6-3/6-4/6-2
– Corretja	5-7/4-6/5-7

Halle	Rasen
+ Portas	6-7/6-4/6-2
+ Prinosil	7-6/7-5
− Rafter	6-4/6-7/6-7

's-Hertogenbosch	Rasen
+ Dupuis	7-6/6-4
+ van Lottum	6-0/6-1
+ Sluiter	6-7/6-4/6-4
− Hewitt	4-6/2-6

Wimbledon GS	Rasen
+ Rochus	6-2/6-3/6-2
+ Malisse	6-3/7-5/3-6/4-6/6-3
+ Bjorkman	7-6/6-3/7-6
+ Sampras	7-6/5-7/6-4/6-7/7-5
− Henman	5-7/6-7/6-2/6-7

Gstaad	Sand Outdoor
− Ljubicic	2-6/1-6

US Open GS	Hartbelag Outdoor
+ Burgsmüller	6-4/6-4/6-4
+ Ginepri	6-2/7-5/6-1
+ Schalken	6-4/7-5/7-6
− Agassi	1-6/2-6/4-6

Moskau	Teppich Indoor
− Kiefer	3-6/6-1/6-7

Wien	Hartbelag Indoor
+ Massu	4-6/7-6/6-4
+ A. Costa	7-6/6-2
− Koubek	6-7/5-7

Stuttgart	Hartbelag Indoor
− Ferreira	6-7/6-3/2-6

Basel	Teppich Indoor
+ A. Costa	6-3/6-3
+ Malisse	6-3/6-4
+ Roddick	3-6/6-3/7-6
+ Boutter	7-6/6-4
− Henman	3-6/4-6/2-6

Paris Bercy	Teppich Indoor
− Novak	4-6/7-6/6-7

Bilanz

49 Spiele gewonnen, 21 Spiele verloren
ATP-Klassierung am 31. Dezember 2001:
Nummer 13

▶▶
Stolzer Weltsportler des Jahres 2005 mit dem Lareus World Sports Award.

▶▶▶
In trauter Gemeinsamkeit mit Mirka.

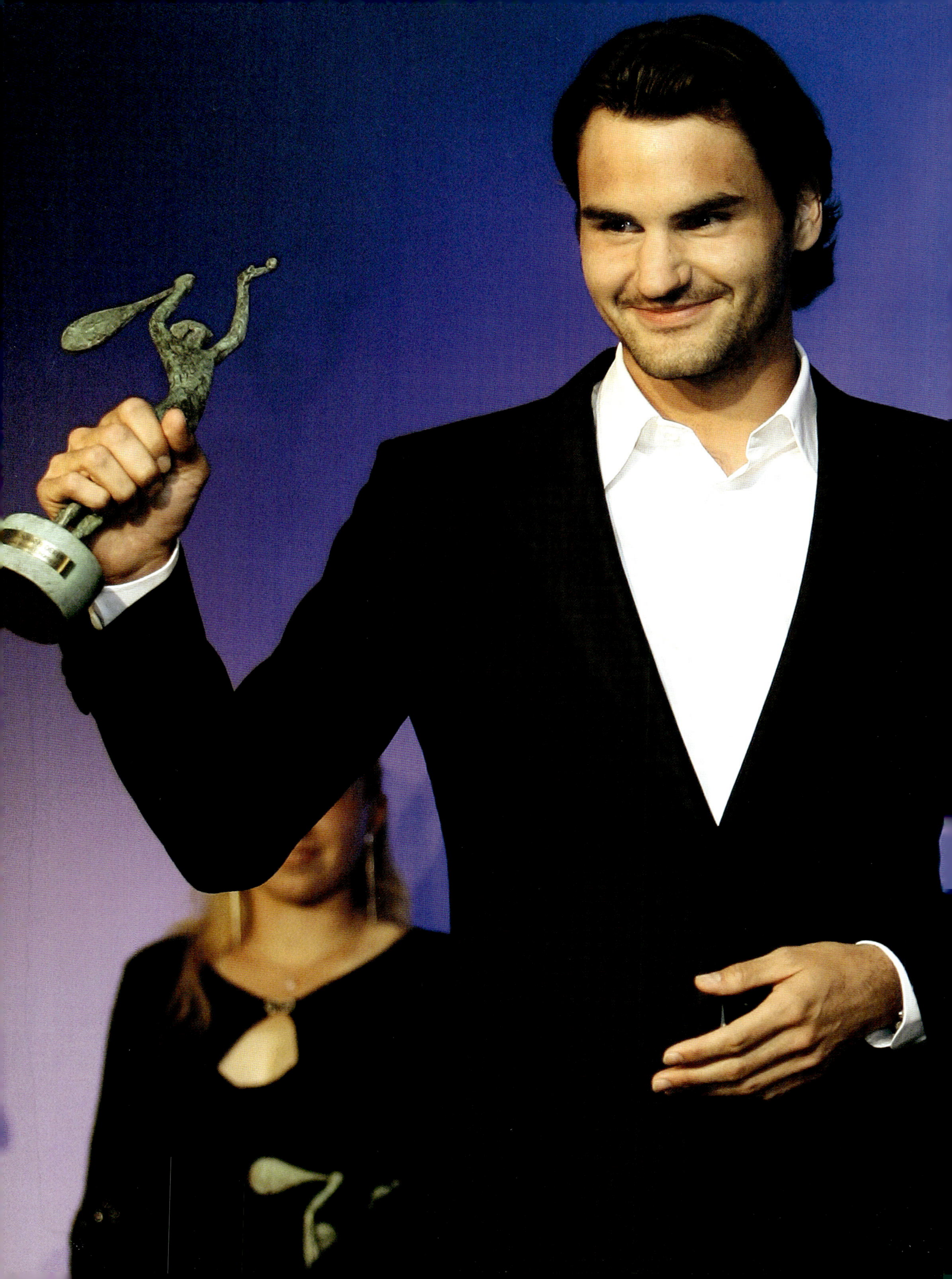

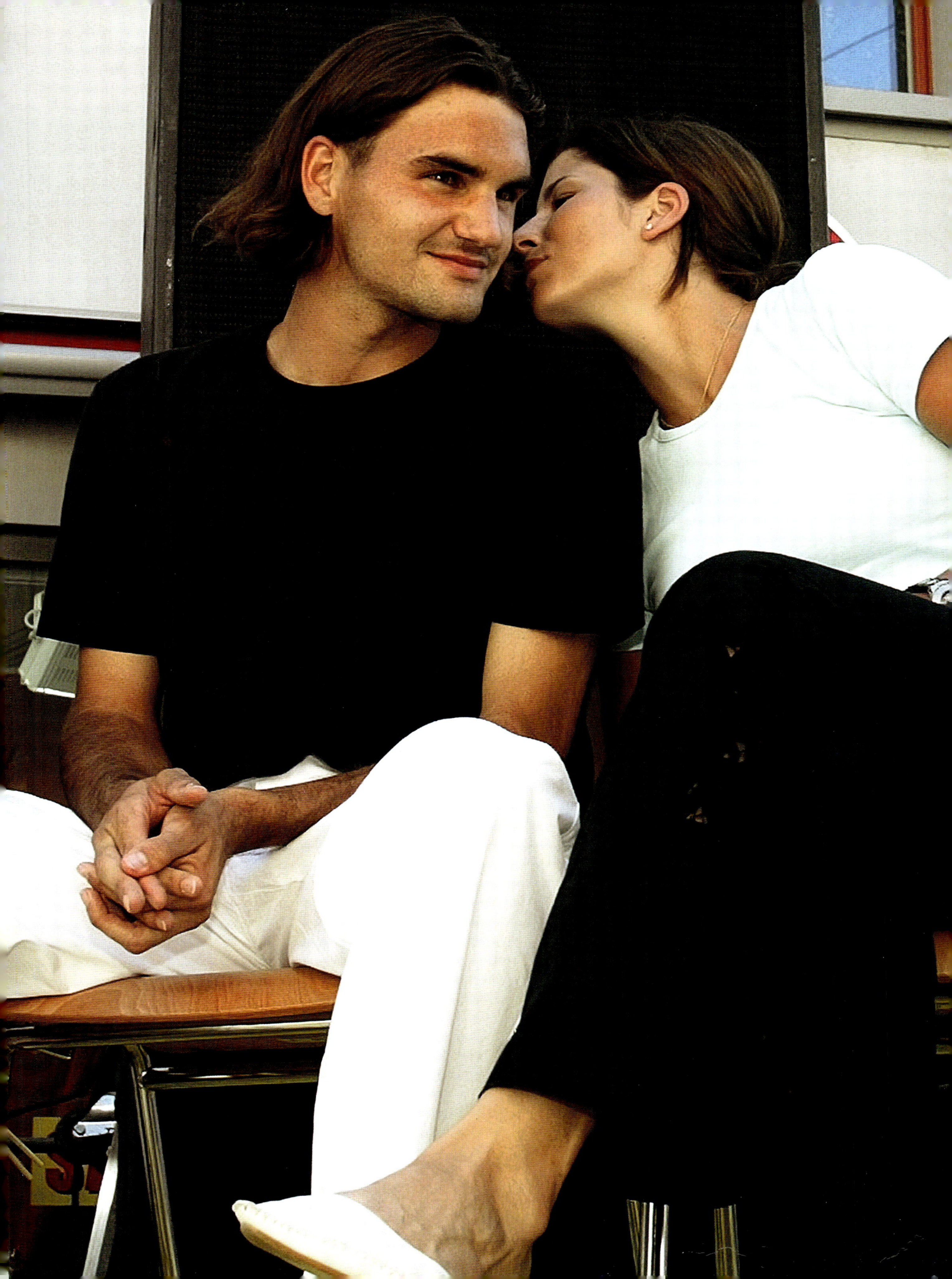

2002

Sydney	Hartbelag Outdoor
+ Robredo	7-6/7-6
+ Malisse	6-2/6-4
+ Rios	6-7/7-6/6-3
+ Roddick	7-6/6-4
+ Chela	6-3/6-3

Australien Open GS	Hartbelag Outdoor
+ Chang	6-4/6-4/6-3
+ Savolt	6-2/7-5/6-4
+ Schuettler	7-6/7-6/6-4
– Haas	6-7/6-4/6-3/4-6/6-8

Mailand	Teppich Indoor
+ Koubek	7-6/6-3
+ Davydenko	6-3/6-7/7-5
+ Sargsian	4-6/6-3/6-3
+ Rusedski	7-6/7-6
– Sanguinetti	6-7/6-4/1-6

Moskau DC	Sand Indoor
+ Safin	7-5/6-1/6-2
+ Kafelnikov	7-6/6-1/6-1

Rotterdam	Hartbelag Indoor
+ van Lottum	6-3/6-4
+ Enqvist	w.o.
– Escudé	6-3/6-7/5-7

Dubai	Hartbelag Indoor
+ Voinea	6-3/6-4
– Schuettler	3-6/1-6

Indian Wells	Hartbelag Outdoor
+ Malisse	6-7/7-6/6-3
+ Koubek	6-4/6-4
– Enqvist	4-6/3-6

Miami	Hartbelag Outdoor
+ Morrison	6-1/7-6
+ Portas	6-4/6-1
+ Henman	6-2 w.o.
+ Pavel	6-1/6-1
+ Hewitt	6-3/6-4
– Agassi	3-6/3-6/6-3/4-6

Monte Carlo	Sand Outdoor
+ Zabaleta	7-6/6-4
– Nalbandian	2-6/1-6

Rom	Sand Outdoor
– Gaudenzi	4-6/4-6

Hamburg	Sand Outdoor
+ Lapentti	6-1/6-4
+ Ulihrach	6-3/6-0
+ Voinea	7-5/6-4
+ Kuerten	6-0/1-6/6-2
+ Mirnyi	6-4/6-4
+ Safin	6-1/6-3/6-4

Roland-Garros GS	Sand Outdoor
– Arazi	3-6/2-6/4-6

Halle	Rasen
+ Dreekmann	6-7/6-3/6-4
+ Prinosil	6-2/6-4
+ Youzhny	6-3/6-4
– Kiefer	6-4/4-6/4-6

's-Hertogenbosch	Rasen
+ Krajicek	6-2/7-5
+ Heuberger	6-4 wo.
– Schalken	6-3/5-7/3-6

Wimbledon GS	Rasen
– Ancic	3-6/6-7/3-6

Gstaad	Sand Outdoor
+ Arazi	6-4/6-3
– Stepanek	6-3/3-6/2-6

Toronto	Hartbelag Outdoor
– Canas	6-7/5-7

Cincinnati	Hartbelag Outdoor
– Ljubicic	6-2/4-6/3-6

Long Island	Hartbelag Outdoor
– Massu	7-6/1-6/3-6

US Open GS	Hartbelag Outdoor
+ Vanek	6-1/6-3/4-6/7-5
+ Chang	6-3/6-1/6-3
+ Malisse	4-6/6-3/6-4/6-4
– Mirnyi	3-6/6-7/4-6

Casablanca DC	Sand
+ Arazi	6-3/6-2/6-1
+ el Aynaoui	6-3/6-2/6-1

Moskau	Teppich Indoor
+ Golovanov	6-0/6-1
+ Nieminen	6-1/6-4
– Safin	5-7/4-6

Wien	Hartbelag Indoor
+ Krajan	7-5/6-1
+ Robredo	6-2/6-7/6-4
+ Ulihrach	6-3/6-3
+ Moya	6-2/6-3
+ Novak	6-4/6-1/3-6/6-4

Madrid	Hartbelag Indoor
+ Rios	6-4/6-2
+ Lapentti	6-3/6-4
– Santoro	5-7/3-6

Basel	Teppich Indoor
+ Verkerk	6-3/6-3
+ Waske	6-3/7-6
+ Roddick	7-6/6-1
– Nalbandian	7-6/5-7/3-6

Paris / Bercy	Teppich Indoor
+ Malisse	6-2/6-4
+ Haas	6-2/7-6
– Hewitt	4-6/4-6

Shanghai MC	Hartbelag Indoor
+ Ferrero	6-3/6-4
+ Novak	6-0/4-6/6-2
+ Johansson	6-3/7-5
– Hewitt	5-7/7-5/5-7

Bilanz

59 Spiele gewonnen, 21 Spiele verloren
ATP-Klassierung am 31. Dezember 2002:
Nummer 6

2003

Doha	Hartbelag Outdoor
+ Stoliarov	6-2/6-7/6-4
+ Kratochvil	6-4/6-4
− Gambill	4-6/5-7

Sydney	Hartbelag Outdoor
− Squillari	2-6/3-6

Australien Open GS	Hartbelag Outdoor
+ Saretta	7-6/7-5/6-3
+ Burgsmüller	6-3/6-0/6-3
+ Vinciguerra	6-3/6-4/6-2
− Nalbandian	4-6/6-3/1-6/6-1/3-6

La Haye DC	Teppich Indoor
+ Sluiter	6-2/6-1/6-3
+ Schalken	7-6/6-4/7-5

	Hartbelag Indoor
+ Ljubicic	7-6/7-6
+ Nieminen	6-3/6-3
+ Sluiter	6-4/4-6/6-4
+ Kucera	7-6/6-3
+ Björkman	6-2/7-6

Rotterdam	Hartbelag Indoor
+ Enqvist	3-6/6-3/6-4
+ Santoro	6-0/6-4
+ Schalken	6-2/6-4
− Mirnyi	7-5/3-6/4-6

Dubai	Hartbelag Outdoor
+ Labadze	6-3/6-3
+ Abel	6-4/7-5
+ Arazi	7-5/6-3
+ Ljubicic	6-3/6-2
+ Novak	6-1/7-6

Indian Wells	Hartbelag Outdoor
+ Mantilla	6-7/6-4/6-1
− Kuerten	5-7/6-7

Miami	Hartbelag Outdoor
+ Horna	6-2/7-5
+ Chela	6-1/3-6/6-1
+ Schalken	6-3/6-2
− Costa	6-7/6-4/6-7

Toulouse DC	Hartbelag Indoor
+ Escudé	6-4/7-5/6-2
+ Santoro	6-1/6-0/6-2

München	Sand Outdoor
+ Krajan	6-4/6-3
+ Sluiter	6-4/6-3
+ Youzhny	6-2/6-3
+ Koubek	6-2/6-1
+ Nieminen	6-1/6-4

Rom	Sand Outdoor
+ Mathieu	6-3/7-5
+ Zabaleta	7-6/6-2
+ Robredo	6-1/6-1
+ Volandri	6-3/5-7/6-2
+ Ferrero	6-4/6-2
− Mantilla	5-7/2-6/6-7

Hamburg	Sand Outdoor
+ Mirnyi	6-3/6-3
+ Sargsian	6-1/6-1
− Philippoussis	3-6/6-2/3-6

Roland-Garros GS	Sand Outdoor
− Horna	6-7/2-6/6-7

Halle	Rasen
+ Sargsian	7-5/6-1
+ Vicente	4-6/6-2/6-1
+ El Aynaoui	7-5/7-6
+ Youzhny	4-6/7-6/6-2
+ Kiefer	6-1/6-3

Wimbledon GS	Rasen
+ Lee	6-3/6-3/7-6
+ Koubek	7-5/6-1/6-1
+ Fish	6-3/6-1/4-6/6-1
+ Lopez	7-6/6-4/6-4
+ Schalken	6-3/6-4/6-4
+ Roddick	7-6/6-3/6-3
+ Philippoussis	7-6/6-2/7-6

Gstaad	Sand Outdoor
+ M. Lopez	6-3/6-7/6-3
+ Lisnard	6-1/6-2
+ D. Sanchez	w.o.
+ Gaudio	6-1/7-6
− Novak	7-5/3-6/3-6/6-1/3-6

Montréal	Hartbelag Indoor
+ Gaudio	6-4/3-6/7-5
+ Rusedski	6-4/6-3
+ Robredo	6-4/6-3
+ Mirnyi	6-2/7-6
− Roddick	4-6/6-3/6-7

Cincinnati	Hartbelag Outdoor
+ Draper	4-6/6-3/7-6
− Nalbandian	6-7/6-7

US Open GS	Hartbelag Outdoor
+ Acasuso	5-7/6-3/6-3/2-0 w.o.
+ Lisnard	6-1/6-2/6-0
+ Blake	6-3/7-6/6-3
− Nalbandian	6-3/6-7/4-6/3-6

Melbourne DC	Hartbelag Outdoor
+ Philippoussis	6-3/6-4/7-6
− Hewitt	7-5/6-2/6-7/5-7/1-6

Wien	Hartbelag Indoor
+ Ferrer	6-2/6-2
+ Beck	6-3/4-6/6-4
+ Nieminen	6-3/6-3
+ Mirnyi	6-2/7-6
+ Moya	6-3/6-3/6-3

Madrid	Hartbelag Indoor
+ Corretja	6-4/6-3
+ Fish	6-3/7-6
+ Lopez	4-6/7-6/6-4
− Ferrero	4-6/6-4/4-6

Basel	Teppich Indoor
+ Rosset	6-1/6-3
– Ljubicic	6-7/7-6/4-6

Paris/Bercy	Teppich Indoor
+ Ascione	7-6/6-1
+ Verkerk	6-7/7-6/7-6
– Henman	6-7/1-6

Houston MC	Hartbelag Indoor
+ Agassi	6-7/6-3/7-6
+ Nalbandian	6-3/6-0
+ Ferrero	6-3/6-1
+ Roddick	7-6/6-2
+ Agassi	6-3/6-0/6-4

Bilanz

79 Spiele gewonnen, 17 Spiele verloren
ATP-Klassierung am 31. Dezember 2003:
Nummer 2

2004

Australien Open GS	Hartbelag Outdoor
+ Bogomolov	6-3/6-4/6-0
+ Morrison	6-2/6-3/6-4
+ Reid	6-3/6-0/6-1
+ Hewitt	4-6/6-3/6-0/6-4
+ Nalbandian	7-5/6-4/5-7/6-3
+ Ferrero	6-4/6-1/6-4
+ Safin	7-6/6-4/6-2

Bukarest DC	Sand Indoor
+ Hanescu	7-6/6-3/6-1
+ Pavel	6-3/6-2/7-5

Rotterdam	Hartbelag Indoor
+ Clément	6-4/6-3
+ Pavel	7-6/7-5
– Henman	3-6/6-7

Dubai	Hartbelag Outdoor
+ Safin	7-6/7-6
+ Robredo	6-3/6-4
+ Pavel	6-3/6-3
+ Nieminen	7-6/6-2
+ Lopez	4-6/6-1/6-2

Indian Wells	Hartbelag Outdoor
+ Pavel	6-1/6-1
+ Gonzales	6-3/6-2
+ Fish	6-4/6-1
+ Chela	6-2/6-1
+ Agassi	4-6/6-3/6-4
+ Henman	6-3/6-3

Miami	Hartbelag Outdoor
+ Davydenko	6-2/3-6/7-5
− Nadal	3-6/3-6

Lausanne DC	Hartbelag Indoor
+ Escudé	6-2/6-4/6-4
+ Clément	6-2/7-5/6-4

Rom	Sand Outdoor
+ Björkman	7-6/6-3
− A. Costa	6-3/3-6/2-6

Hamburg	Sand Outdoor
+ Gaudio	6-1/5-7/6-4
+ Lapenti	6-3/6-3
+ Gonzales	7-5/6-1
+ Moya	6-4/6-3
+ Hewitt	6-0/6-4
+ Coria	4-6/6-4/6-2/6-3

Roland-Garros GS	Sand Outdoor
+ Vliegen	6-1/6-2/6-1
+ Kiefer	6-3/6-4/7-6
− Kuerten	4-6/4-6/4-6

Halle	Rasen
+ Th. Johansson	6-3/6-2
+ Youzhny	6-2/6-1
+ Clément	6-3/7-5
+ Novak	6-3/6-4
+ Fish	6-0/6-3

Wimbledon GS	Rasen
+ Bogdanovic	6-3/6-3/6-0
+ Falla	6-1/6-2/6-0
+ Th. Johansson	6-3/6-4/6-3
+ Karlovic	6-3/7-6/7-6
+ Hewitt	6-1/6-7/6-0/6-4
+ Grosjean	6-2/6-3/7-6
+ Roddick	4-6/7-5/7-6/6-4

Gstaad	Sand Outdoor
+ Behrend	6-1/6-1
+ Karlovic	6-7/6-3/7-6
+ Stepanek	6-1/5-7/6-4
+ Starace	6-3/3-6/6-3
+ Andrew	6-2/6-3/5-7/6-3

Toronto	Hartbelag Outdoor
+ Arazi	6-3/7-5
+ Söderling	7-5/6-1
+ Mirnyi	7-6/7-6
+ Santoro	7-5/6-4
+ Th. Johansson	4-6/6-3/6-2
+ Roddick	7-5/6-3

Cincinnati	Hartbelag Outdoor
− Hrbaty	6-1/6-7/4-6

Athen (Olympia)	
+ Davydenko	6-3/5-7/6-1
− Berdych	6-4/5-7/5-7

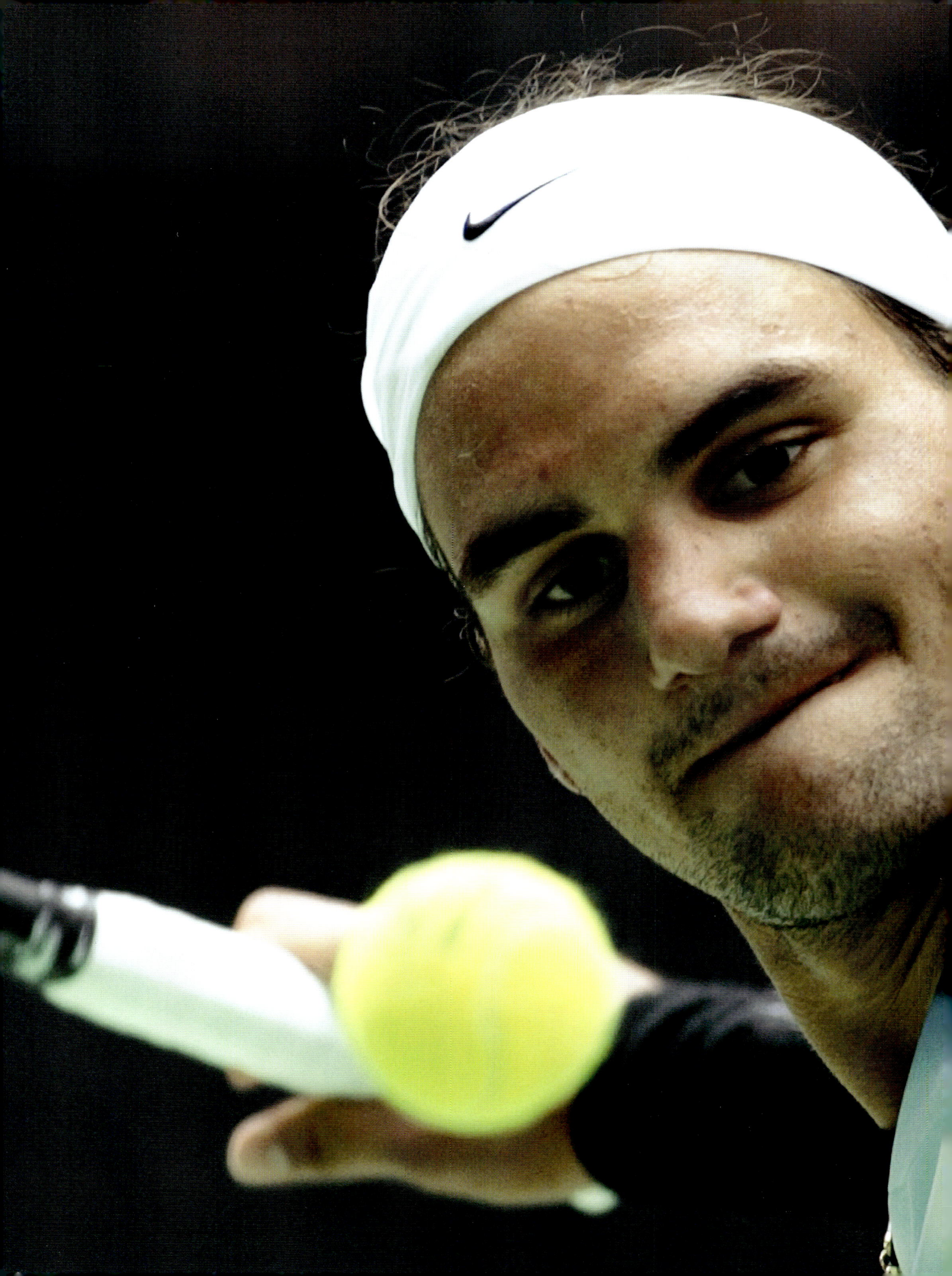

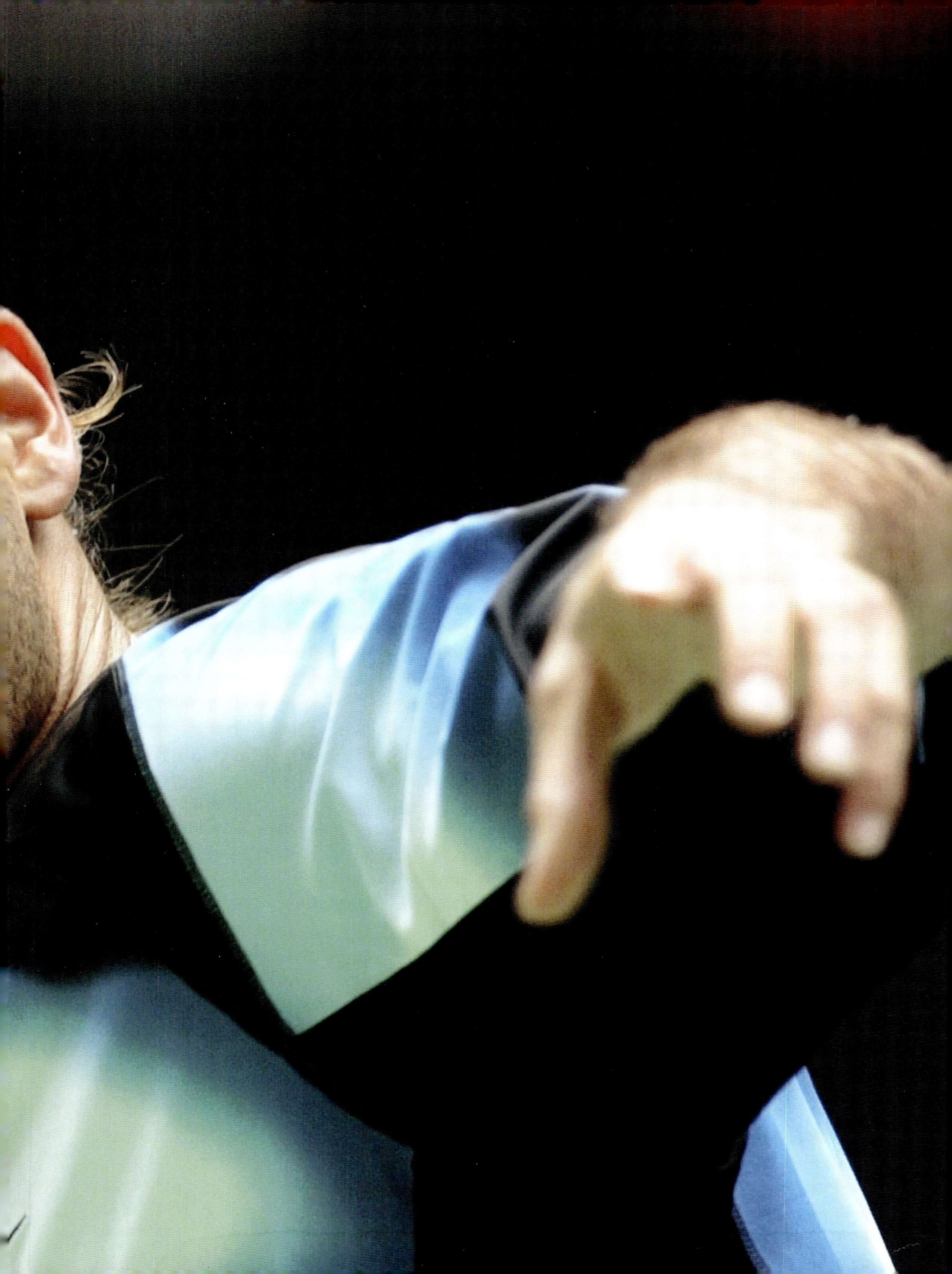

US Open GS	Hartbelag Outdoor
+ Costa	7-5/6-2/6-4
+ Baghdatis	6-2/6-7/6-3/6-1
+ Santoro	6-0/6-4/7-6
+ Pavel	w.o.
+ Agassi	6-2/2-6/7-5/3-6/6-3
+ Henman	6-3/6-4/6-4
+ Hewitt	6-0/7-6/6-0

Bangkok	Hartbelag Outdoor
+ Thomann	6-4/7-6
+ Heuberger	6-1/6-3
+ Söderling	7-6/6-4
+ Srichaphan	7-5/2-6/6-3
+ Roddick	6-4/6-0

Houston (MC)	Hartbelag Outdoor
+ Gaudio	6-1/7-6
+ Hewitt	6-3/6-4
+ Moya	6-3/3-6/6-3
+ Safin	6-3/7-6
+ Hewitt	6-3/6-2/6-4

Bilanz

74 Spiele gewonnen, 6 Spiele verloren
ATP-Klassierung am 31. Dezember 2004:
Nummer 1

2005

Doha	Hartbelag Outdoor
+ Ferrer	6-1/6-1
+ Rusedski	6-3/6-4
+ Lopez	6-1/6-2
+ Davydenko	6-3/6-4
+ Ljubicic	6-3/6-1

Australien Open GS	Hartbelag Outdoor
+ Santoro	6-1/6-1/6-2
+ Suzuki	6-3/6-4/6-4
+ Nieminen	6-3/5-2 w.o.
+ Baghdatis	6-2/6-2/7-6
+ Agassi	6-3/6-4/6-4
– Safin	7-5/4-6/7-5/6-7/7-9

Rotterdam	Hartbelag Indoor
+ Ulihrach	6-3/6-4
+ Wawrinka	6-1/6-4
+ Davydenko	7-5/7-5
+ Ancic	7-5/6-3
+ Ljubicic	5-7/7-5/7-6

Dubai	Hartbelag Indoor
+ Minar	6-7/6-3/7-6
+ Ferrero	4-6/6-3/7-6
+ Youzhny	6-3/7-5
+ Agassi	6-3/6-1
+ Ljubicic	6-1/6-7/6-3

Indian Wells	Hartbelag Outdoor
+ Fish	6-3/6-3
+ Muller	6-3/6-2
+ Ljubicic	7-6/7-6
+ Kiefer	6-4/6-1
+ Canas	6-3/6-1
+ Hewitt	6-2/6-4/6-4

Miami	Hartbelag Outdoor
+ O. Rochus	6-3/6-1
+ Zabaleta	6-2/5-7/6-3
+ Ancic	6-3/4-6/6-4
+ Henman	6-4/6-2
+ Agassi	6-4/6-3
+ Nadal	2-6/6-7/7-6/6-3/6-1

Monte Carlo	Sand Outdoor
+ Rusedski	6-3/6-1
+ Montanes	6-3/6-4
+ Gonzales	6-2/6-7/6-4
– Gasquet	7-6/2-6/6-7

Hamburg	Sand Outdoor
+ Verdasco	6-4/6-3
+ Berdych	6-2/6-1
+ Robredo	6-2/6-3
+ Coria	6-4/7-6
+ Davydenko	6-3/6-4
+ Gasquet	6-3/7-5/7-6

Roland-Garros GS	Sand Outdoor
+ Sela	6-1/6-4/6-0
+ Almagro	6-3/7-6/6-2
+ Gonzales	7-6/7-5/6-2
+ Moya	6-1/6-4/6-3
+ Hanescu	6-2/7-6/6-3
– Nadal	3-6/6-4/4-6/3-6

Halle	Rasen
+ Söderling	6-7/7-6/6-4
+ Mayer	6-2/6-4
+ Kohlschreiber	6-3/6-4
+ Haas	6-4/7-6
+ Safin	6-4/6-7/6-4

Wimbledon GS	Rasen
+ Mathieu	6-4/6-2/6-4
+ Minar	6-4/6-4/6-1
+ Kiefer	6-2/6-7/6-1/7-5
+ Ferrero	6-3/6-4/7-6
+ Gonzales	7-5/6-2/7-6
+ Hewitt	6-3/6-4/7-6
+ Roddick	6-2/7-6/6-4

Cincinnati	Hartbelag Outdoor
+ Blake	7-6/7-5
+ Kiefer	4-6/6-4/6-4
+ O. Rochus	6-3/6-4
+ Acasuso	6-4/6-3
+ Ginepri	4-6/7-5/6-4
+ Roddick	6-3/7-5

US Open GS	Hartbelag Outdoor
+ Minar	6-1/6-1/6-1
+ Santoro	7-5/7-5/7-6
+ Rochus	6-3/7-6/6-2
+ Kiefer	6-4/6-7/6-3/6-4
+ Nalbandian	6-2/6-4/6-1
+ Hewitt	6-3/7-6/4-6/6-3
+ Agassi	6-3/2-6/7-6/6-1

Genf DC	Sand Indoor
+ Mackin	6-0/6-0/6-2

Bangkok	Hartbelag Outdoor
+ Daniel	7-6/6-4
+ Gremelmayr	6-3/6-2
+ Muller	6-4/6-3
+ Nieminen	6-3/6-4
+ Murray	6-3/7-5

Shanghai MC	Teppich Indoor
+ Nalbandian	6-3/2-6/6-4
+ Ljubicic	6-3/2-6/7-6
+ Coria	6-0/1-6/6-2
+ Gaudio	6-0/6-0
− Nalbandian	7-6/7-6/2-6/1-6/6-7

Bilanz

81 Spiele gewonnen, 4 Spiele verloren
ATP-Klassierung am 31. Dezember 2005:
Nummer 1

Roger Federer wird zum Weltsportler des Jahres gewählt.

US Open 2005:
Sein sechster Grand-Slam-Titel

2006

Doha	Hartbelag Outdoor
+ Minar	6-1/6-3
+ Santoro	7-6/7-6
+ Baghdatis	6-4/6-3
+ Haas	6-3/6-3
+ Monfils	6-3/7-6

Australien Open GS	Hartbelag Outdoor
+ Istomin	6-2/6-3/6-2
+ Mayer	6-1/6-4/6-0
+ Mirnyi	6-3/6-4/6-3
+ Haas	6-4/6-0/3-6/4-6/6-2
+ Davydenko	6-4/3-6/7-6/7-6
+ Kiefer	6-3/5-7/6-0/6-2
+ Baghdatis	5-7/7-5/6-0/6-2

Dubai	Hartbelag Indoor
+ Wawrinka	7-6/6-3
+ Al Ghareeb	7-6/6-4
+ Vik	6-3/6-2
+ Youzhny	6-2/6-3
− Nadal	6-2/4-6/4-6

Indian Wells	Hartbelag Outdoor
+ Massu	6-3/7-6
+ Rochus	3-6/6-2/7-5
+ Gasquet	6-3/6-4
+ Ljubicic	6-2/6-3
+ Srichaphan	6-2/6-3
+ Blake	7-5/6-3/6-0

Miami	Hartbelag Outdoor
+ Clément	6-2/6-7/6-0
+ Haas	6-1/6-3
+ Tursunow	6-3/6-3
+ Blake	7-6/6-4
+ Ferrer	6-1/6-4
+ Ljubicic	7-6/7-6/7-6

Monte Carlo	Sand Outdoor
+ Djokovic	6-3/2-6/6-3
+ Martin	6-0/6-1
+ Balleret	6-3/6-2
+ Ferrer	6-1/6-3
+ Gonzalez	6-2/6-4
– Nadal	2-6/7-6/3-6/6-7

Rom	Sand Outdoor
+ Chela	6-2/6-1
+ Starace	6-3/7-6
+ Stepanek	6-1/6-4
+ Almagro	6-3/6-7/7-5
+ Nalbandian	6-3/3-6/7-6
– Nadal	7-6/6-7/4-6/6-2/6-7

Roland-Garros GS	Sand Outdoor
+ Hartfield	7-5/7-6/6-2
+ Falla	6-1/6-4/6-3
+ Massu	6-1/6-2/6-7/7-5
+ Berdych	6-3/6-2/6-3
+ Ancic	6-4/6-3/6-4
+ Nalbandian	3-6/6-4/5-2 w.o.
– Nadal	6-1/1-6/4-6/6-7

Halle	Rasen
+ Bopanna	7-6/6-2
+ Gasquet	7-6/6-7/6-4
+ Rochus	6-7/7-6/7-6
+ Haas	6-4/6-7/6-3
+ Berdych	6-0/6-7/6-2

Wimbledon GS	Rasen
+ Gasquet	6-3/6-2/6-2
+ Henman	6-4/6-0/6-2
+ Mahut	6-3/7-6/6-4
+ Berdych	6-0/7-6/6-7/6-3
+ Ancic	6-4/6-4/6-4
+ Björkman	6-2/6-0/6-2
+ Nadal	6-0/7-6/6-7/6-3

Toronto	Hartbelag Outdoor
+ Mathieu	6-3/6-4
+ Grosjean	6-3/6-3
+ Tursunov	6-3/5-7/6-0
+ Malisse	7-6/6-7/6-3
+ Gonzales	6-1/5-7/6-3
+ Gasquet	2-6/6-3/6-2

Cincinnati	Hartbelag Outdoor
+ Strichaphan	7-5/6-4
– Murray	5-7/4-6

US Open (GS)	Hartbelag Outdoor
+ Wang	6-4/6-1/6-0
+ Henman	6-3/6-4/7-5
+ Spadea	6-3/6-3/6-0
+ Gicquel	6-3/7-6/6-3
+ Blake	7-6/6-0/6-7/6-4
+ Davydenko	6-1/7-5/6-4
+ Roddick	6-2/4-6/7-5/6-1

Genève (DC)	Hartbelag Indoor
+ Tipsarevic	6-3/6-2/6-2
+ Djokovic	6-3/6-2/6-3

Tokyo	Hartbelag Outdoor
+ Troicki	7-6/7-6
+ Moodie	6-2/6-1
+ Suzuki	4-6/7-5/7-6
+ Becker	6-3/6-4
+ Henman	6-3/6-3

Madrid	Hartbelag Outdoor
+ Massu	6-3/6-2
+ Söderling	7-6/7-6
+ Ginepri	6-3/7-6
+ Nalbandian	6-4/6-0
+ Gonzales	7-5/6-1/6-0

Basel	Hartbelag Indoor
+ Zib	6-1/6-2
+ Garcia-Lopez	6-2/6-0
+ Ferrer	6-3/7-6
+ Strichaphan	6-4/3-6/7-6
+ Gonzales	6-3/6-2/7-6

Shanghai MC	Hartbelag Indoor
+ Nalbandian	3-6/6-1/6-1
+ Roddick	4-6/7-6/6-4
+ Ljubicic	7-6/6-4
+ Nadal	6-4/7-5
+ Blake	6-0/6-3/6-4

Bilanz
92 Spiele gewonnen, 5 Spiele verloren
ATP-Klassierung am 31. Dezember 2006:
Nummer 1

2007

Australian Open	Hartbelag Outdoor
+ Phau	7-5/6-0/6-4
+ Björkman	6-2/6-3/6-2
+ Youzhny	6-3/6-3/7-6
+ Djokovic	6-2/7-5/6-3
+ Robredo	6-3/7-6/7-5
+ Roddick	6-4/6-0/6-2
+ Gonzalez	7-6/6-4/6-4

Dubai	Hartbelag Outdoor
+ Pless	7-6/3-6/6-3
+ Bracciali	7-5/6-3
+ Djokovic	6-3/6-7/6-3
+ Haas	6-4/7-5
+ Youzhny	6-4/6-3

Indian Wells	Hartbelag Outdoor
– Canas	5-7/2-6

Miami	Hartbelag Outdoor
+ Querrey	6-4/6-3
+ Almagro	7-5/6-3
– Canas	6-7/6-2/6-7

Monte Carlo	Sand Outdoor
+ Seppi	7-6/7-6
+ Lee	6-4/6-3
+ Ferrer	6-4/6-0
+ Ferrero	6-3/6-4
– Nadal	4-6/4-6

Rom	Sand Outdoor
+ Almagro	6-3/6-4
- Volandri	2-6/4-6

Hamburg	Sand Outdoor
+ Monaco	6-3/2-6/6-4
+ Ferrero	6-2/6-3
+ Ferrer	6-3/4-6/6-3
+ Moya	4-6/6-4/6-2
+ Nadal	2-6/6-2/6-0

Roland-Garros GS	Sand Outdoor
+ Russel	6-4/6-2/6-4
+ Ascione	6-1/6-2/7-6
+ Starace	6-2/6-3/6-0
+ Youzhny	7-6/6-4/6-4
+ Robredo	7-5/1-6/6-1/6-2
+ Davydenko	7-5/7-6/7-6
– Nadal	3-6/6-4/3-6/4-6

Wimbledon GS	Rasen
+ Gabashvili	6-3/6-2/6-4
+ Del Potro	6-2/7-5/6-1
+ Safin	6-1/6-4/7-6
+ Haas	w.o.
+ Ferrero	7-6/3-6/6-1/6-3
+ Gasquet	7-5/6-3/6-4
+ Nadal	7-6/4-6/7-6/2-6/6-2

Kanada	Hartbelag Outdoor
+ Karlovic	7-6/7-6
+ Fognini	6-1/6-1
+ Hewitt	6-3/6-4
+ Stepanek	7-6/6-2
– Djokovic	6-7/6-2/6-7

Cincinnati	Hartbelag Outdoor
+ Benneteau	6-3/6-3
+ Baghdatis	7-6/7-5
+ Almagro	6-3/3-6/6-2
+ Hewitt	6-3/6-7/7-6
+ Blake	6-1/6-4

US Open (GS)	Hartbelag Outdoor
+ Jenkins	6-3/6-2/6-4
+ Capdeville	6-1/6-4/6-4
+ Isner	6-7/6-2/6-4/6-2
+ Lopez	3-6/6-4/6-1/6-4
+ Roddick	7-6/7-6/6-2
+ Davidenko	7-5/6-1/7-5
+ Djokovic	7-6/7-6/6-4

Czech Republic DC	Teppich Indoor
+ Stepanek	6-3/6-2/6-7/7-6
+ Berdych	7-6/7-6/6-3

Madrid	Hartbelag Indoor
+ Ginepri	7-6/6-4
+ Canas	6-0/6-3
+ Lopez	7-6/6-4
+ Kiefer	6-4/6-4
– Nalbandian	6-1/3-6/3-6

Basel	Hartbelag Indoor
+ Berrer	6-1/3-6/6-3
+ Del Potro	6-1/6-4
+ Kiefer	6-3/6-2
+ Karlovic	7-6/7-6
+ Nieminen	6-3/6-4

Paris	Hartbelag Indoor
+ Karlovic	6-3/4-6/6-3
− Nalbandian	4-6/6-7

Shanghai MC	Hartbelag Indoor
- Gonzalez	6-3/6-7/5-7
+ Davydenko	6-4/6-3
+ Roddick	6-4/6-2
+ Nadal	6-4/6-1
+ Ferrer	6-2/6-3/6-2

Bilanz

69 Spiele gewonnen, 9 Spiele verloren
ATP-Klassierung am 31. Dezember 2007:
Nummer 1

2008

Australian Open GS	Hartbelag Outdoor
+ Hartfield	6-0/6-3/6-0
+ Santorc	6-1/6-2/6-0
+ Tipsarevic	6-7/7-6/5-7/6-1/10-8
+ Berdych	6-4/7-6/6-3
+ Blake	7-5/7-6/6-4
- Djokovic	5-7/3-6/6-7

Dubai	Hartbelag Outdoor
− Murray	7-6/3-6/4-6

Indian Wells	Hartbelag Outdoor
+ Garcia-Lopez	6-3/6-2
+ Mahut	6-1/6-1
+ Ljubicic	6-3/6-4
+ Haas	w.o.
- Fish	3-6/2-6

Miami	Hartbelag Outdoor
+ Monfils	6-3/6-4
+ Söderling	6-4/3-0 w.o.
+ Acasuso	7-6/6-2
− Roddick	6-7/6-4/3-6

Estoril	Sand Outdoor
+ Rochus	4-6/6-3/6-2
+ Hanescu	6-3/6-2
+ Gil	6-4/6-1
+ Grememayr	2-6/7-6/6-1
+ Davydenko	7-6/1-2 w.o.

Monte Carlo	Sand Outdoor
+ Hidalgo	6-1/3-6/7-6
+ Monfils	6-3/6-4
+ Nalbandian	5-7/6-2/6-2
+ Djokovic	6-3/3-2 w.o.
− Nadal	5-7/5-7

Rom	Sand Outdoor
+ Canas	6-3/6-3
+ Karlovic	7-6/6-3
− Stepanek	6-7/6-7

Hamburg	Sand Outdoor
+ Nieminen	6-1/6-3
+ Söderling	6-3/6-2
+ Verdasco	6-3/6-3
+ Seppi	6-3/6-1
− Nadal	5-7/7-6/3-6

Roland-Garros GS	Sand Outdoor
+ Querry	6-4/6-4/6-3
+ Montanes	6-7/6-1/6-0/6-4
+ Ancic	6-3/6-4/6-2
+ Benneteau	6-4/7-5/7-5
+ Gonzalez	2-6/6-2/6-3/6-4
+ Monfils	6-2/5-7/6-3/7-5
− Nadal	1-6/3-6/0-6

Halle	Rasen Indoor
+ Berrer	6-4/6-2
+ Vacek	7-5/6-3
+ Baghdatis	6-4/6-4
+ Kiefer	6-1/6-4
+ Kohlschreiber	6-3/6-4

Wimbledon (GS)	Rasen Outdoor
+ Hrbaty	6-3/6-3/6-2
+ Söderling	6-3/6-4/7-6
+ Gicquel	6-3/6-3/6-1
+ Hewitt	7-6/6-2/6-4
+ Ancic	6-1/7-5/6-1
+ Safin	6-3/7-6/6-4
− Nadal	4-6/4-6/7-6/7-6/7-9

Kanada	Hartbelag Outdoor
− Simon	6-2/5-7/4-6

Cincinnati	Hartbelag Outdoor
+ Ginepri	6-7/7-6/6-0
− Karlovic	6-7/6-4/6-7

Peking Olympiade	Hartbelag Outdoor
+ Tursunov	6-4/6-2
+ Arevalo	6-2/6-4
+ Berdych	6-3/7-6
− Blake	4-6/6-7

Mit Wawrinka Olympiasieger im Doppel

US Open GS	Hartbelag Outdoor
+ Gonzalez	6-3/6-0/6-3
+ Alves	6-3/7-6/6-4
+ Stepanek	6-3/6-3/6-2
+ Andreev	6-7/7-6/6-3/3-6/6-3
+ Muller	7-6/6-4/7-6
+ Djokovic	6-3/5-7/7-5/6-2
+ Murray	6-2/7-5/6-2

Genf DC	Hartbelag Indoor
+ Vliegen	7-6/6-4/6-2

Madrid	Hartbelag Indoor
+ Stepanek	6-3 / 7-6
+ Tsonga	6-4 / 6-1
+ Del Potro	6-3 / 6-3
− Murray	6-3 / 3-6 / 5-7

Basel	Hartbelag Indoor
+ Reynolds	6-3 / 6-7 / 6-3
+ Nieminen	7-6 / 7-6
+ Bolelli	6-2 / 6-3
+ Lopez	6-3 / 6-2
+ Nalbandian	6-3 / 6-4

Paris	Hartbelag Indoor
+ Söderling	6-4 / 7-6
+ Cilic	6-3 / 6-4
− Blake	w.o.

Shanghai MC	Hartbelag Indoor
− Simon	6-4 / 4-6 / 3-6
+ Stepanek	7-6 / 6-4
− Murray	6-4 / 6-7 / 5-7

Bilanz

67 Spiele gewonnen, 16 Spiele verloren
ATP-Klassierung am 31. Dezember 2008:
Nummer 2

2009

Doha	Hartbelag Outdoor
+ Starace	6-2 / 6-2
+ Seppi	6-3 / 6-3
+ Kohlschreiber	6-2 / 7-6
− Murray	7-6 / 2-6 / 2-6

Australian open GS	Hartbelag Outdoor
+ Seppi	6-1 / 7-6 / 7-5
+ Korolev	6-2 / 6-3 / 6-1
+ Safin	6-3 / 6-2 / 7-6
+ Berdych	4-6 / 6-7 / 6-4 / 6-4 / 6-2
+ Del Potro	6-3 / 6-0 / 6-0
+ Roddick	6-2 / 7-5 / 7-5
− Nadal	5-7 / 6-3 / 6-7 / 6-3 / 2-6

Indian Wells	Hartbelag Outdoor
+ Gicquel	7-6 / 6-4
+ Karlovic	7-6 / 6-3
+ Gonzalez	6-3 / 5-7 / 6-2
+ Verdasco	6-3 / 7-6
− Murray	3-6 / 6-4 / 1-6

Miami	Hartbelag Outdoor
+ Kim	6-3 / 6-2
+ Kiefer	6-4 / 6-1
+ Dent	6-3 / 6-2
+ Roddick	6-3 / 4-6 / 6-4
− Djokovic	6-3 / 2-6 / 3-6

Monte Carlo	Sand Outdoor
+ Seppi	6-4 / 6-4
− Wawrinka	4-6 / 5-7

Rom	Sand Outdoor
+ Karlovic	6-4/6-4
+ Stepanek	6-4/6-1
+ Zverev	7-6/6-2
− Djokovic	6-4/3-6/3-6

Madrid	Sand Outdoor
+ Söderling	6-1/7-5
+ Blake	6-2/6-4
+ Roddick	7-5/6-7/6-1
+ Del Potro	6-3/6-4
+ Nadal	6-4/6-4

Roland Garros GS	Sand Outdoor
+ Martin	6-4/6-3/6-2
+ Acasuso	7-6/5-7/7-6/6-2
+ Mathieu	4-6/6-1/6-4/6-4
+ Haas	6-7/5-7/6-4/6-0/6-2
+ Monfils	7-6/6-2/6-4
+ Del Potro	3-6/7-6/2-6/6-1/6-4
+ Söderling	6-1/7-6/6-4

Wimbledon GS	Rasen Outdoor
+ Lu	7-5/6-3/6-2
+ Garcia-Lopez	6-2/6-2/6-4
+ Kohlschreiber	6-3/6-2/6-7/6-1
+ Söderling	6-4/7-6/7-6
+ Karlovic	6-3/7-5/7-6
+ Haas	7-6/7-5/6-3
+ Roddick	5-7/7-6/7-6/3-6/16-14

Kanada	Hartbelag Outdoor
+ Niemeyer	7-6/6-4
+ Wawrinka	6-3/7-6
− Tsonga	6-7/6-1/6-7

Cincinnati	Hartbelag Outdoor
+ Acasuso	6-3/7-5
+ Ferrer	3-6/6-3/6-4
+ Hewitt	6-3/6-4
+ Murray	6-2/7-6
+ Djokovic	6-1/7-6

US Open GS	Hartbelag Outdoor
+ Britton	6-1/6-3/7-5
+ Greul	6-3/7-5/7-5
+ Hewitt	4-6/6-3/7-5/6-4
+ Robredo	7-5/6-2/6-2
+ Söderling	6-0/6-3/6-7/7-6
+ Djokovic	7-6/7-5/7-5
− Del Potro	6-3/6-7/6-4/6-7/2-6

Italien DC	Sand Outdoor
+ Bolelli	6-3/6-4/6-1
+ Starace	6-3/6-0/6-4

Bilanz

Stand 9. November 2009:
59 Spiele gewonnen, 9 Spiele verloren
ATP-Klassierung am 9. November 2009:
Nummer 1

Mirka und Roger Federer mit Myla Rose und Charlene Riva.

Roger Federer

Geboren: 8. August 1981 in Basel (Schweiz)
Wohnort: Schweiz
Grösse/Gewicht: 1.86 m / 80 kg
Spielart: Rechtshänder, Rückhand einhändig
Zivilstand: Verheiratet mit Miroslava ‹Mirka› Vavrinec seit 17. April 2009. Die Zwillinge Charlene Riva und Myla Rose sind am 23. Juli 2009 geboren.
Profi seit: 1998
Gewonnene Turniere: 61 (9. 11. 2009)
Grand-Slam-Titel: 15 (Rekord) · Wimbledon 2003, 2004, 2005, 2006, 2007, 2009
Australian Open 2004, 2006, 2007 / Roland-Garros 2009 / US Open 2004, 2005, 2006, 2007, 2008
Juniorentitel: 1 (Wimbledon 1998)
Weltnummer eins is und Gewinner der Orange Bowl im gleichen Jahr
Racketmarke: Wilson
Schuhe und Kleider: Nike
Hobbies: Sport (Golf, Fussball, Ski) Playstation, Musik (AC/DC, Lenny Kravitz), Begegnungen mit Freunden
Vorbilder: Boris Becker, Stefan Edberg
Küche: Tomaten-Mozzarella di Buffalo, Gnocchi-Gorgonzola, Käse, Salate
Lieblingsfarben: Blau, rot, weiss
Bevorzugte Tiere: Löwe, Tiger
Lieblingsblumen: Rosen, Orchideen
Fussballverein: FC Basel

Die 23 Weltnummern eins

Das erste Klassement wurde am 23. August 1973 aus der Taufe gehoben. Nachstehend die 23 Spieler in chronologischer Reihenfolge und die Anzahl Wochen in der Spitzenposition:

Illie Nastase (Ru) 40
John Newcombe (Aus) 8
Jimmy Connors (USA) 268
Björn Borg (Sw) 109
John McEnroe (USA) 170
Ivan Lendl (Tch) 270
Mats Wilander (Sw) 20
Stefan Edberg (Sw) 72
Boris Becker (BRD) 12
Jim Courier (USA) 58
Pete Sampras (USA) 286
Andre Agassi (USA) 101
Thomas Muster (Aut) 6
Marcelo Rios (Chi) 6
Carlos Moya (E) 2
Yevgeny Kafelnikov (Rus) 6
Patrick Rafter (Aus) 1
Marat Safin (Rus) 9
Gustavo Kuerten (Br) 43
Lleyton Hewitt (Aus) 80
Juan Carlos Ferrero (E) 8
Andy Roddick (USA) 13
Roger Federer (CH) 237
Rafael Nadal (E) 37
Roger Federer (CH) 258 (kumuliert 30. 11. 2009)

Bildnachweis

Umschlag VS	Siggi Bucher
Umschlag RS	Dukas, Zürich
Seite 5	Siggi Bucher
Seiten 6-15	Roger Federer Management
Seite 16	Gianni Ciaccia
Seite 17-22	Siggi Bucher
Seite 24-25	Gianni Ciaccia
Seite 26-37	Siggi Bucher
Seite 39/40	Mano Hiromasa/EQ Images
Seite 41	Roger Parker/EQ Images
Seite 44-74	Siggi Bucher
Seite 76/77	Mike Hewitt/Getti Images
Seite 81-95	Siggi Bucher
Seite 96-99	Gianni Ciaccia
Seite 105/106	Gianni Ciaccia
Seite 110	Siggi Bucher
Seite 113-120	Dukas, Zürich
Seite 123/124	Siggi Bucher
Seite 128-131	Reg Caldecott/ Roger Federer Management
Seite 138/139	Siggi Bucher
Seite 146/147	Siggi Bucher
Seite 158	Robert Federer
Seite 159/160	Siggi Bucher

Adressen

Roger Federer Foundation
Lynette Federer
Zehntenfreistrasse 22
CH-4103 Bottmingen
www.rogerfederer.com

IMBEWU-Suisse
Rue de la Cape 2
CH-2207 Coffrane
www.imbewu.org